Dr. phil. Gerhard Bergmann

Alarm um die Bibel

Warum die Bibelkritik der modernen Theologie falsch ist

5. überarbeitete und erweiterte Auflage

Schriftenmissions-Verlag Gladbeck

ABCteam

Bücher, die dieses Zeichen tragen, wollen die Botschaft von Jesus Christus in unserer Zeit glaubhaft bezeugen.

Das ABCteam-Programm umfaßt in seiner Hauptreihe:
A = aktuelle Themen
B = Berichte, Erzählungen, Lebensbilder
C = Christsein heute

Als Sonderreihen erscheinen Jugendbücher (J), Werkbücher (W), Glauben und Denken (G+D).

Außerdem gibt es Geschenkbücher in besonderer Ausstattung.

ABCteam-Bücher erscheinen in folgenden Verlagen:
Aussaat Verlag Wuppertal / R. Brockhaus Verlag Wuppertal / Brunnen Verlag Gießen / Christliches Verlagshaus Stuttgart / Oncken Verlag Wuppertal / Schriftenmissions-Verlag Gladbeck.

ABCteam-Bücher kann jede Buchhandlung besorgen.

61.—75. Tausend

5. überarbeitete und erweiterte Auflage
1974 im Schriftenmissions-Verlag Gladbeck
Druck: Bongers, Lünen
ISBN 3 7958 0247 4

Inhalt

Prof. D. Dr. Künneth, Universität Erlangen, an den
Verfasser:

„... Ich darf Ihnen sagen, daß ich mit innerster Anteilnahme
und völliger, wärmster Zustimmung Ihre ganz ausgezeichneten
Darlegungen gelesen habe. Sie haben sich mit dieser jedermann
verständlichen Veröffentlichung ein großes Verdienst erworben."

Als Vorwort eine Frage:
Warum eine Neuauflage dieses Buches?

Die kurze Antwort auf die obige Frage lautet: Weil die heutige
Lage in Kirche und Theologie, aber auch in Staat und Gesellschaft nur von ihrer Vergangenheit her richtig verstanden werden kann. Das kirchliche, überhaupt das geistige Klima unserer
Tage ist durch eine V e r s c h ä r f u n g d e r G e g e n s ä t z e
gekennzeichnet. Davon sprachen selbst die kirchlichen Nachrichten und Kommentare der Rundfunkanstalten bis in den März
1974, wo ich dies schreibe. Bei Nachrichten und Kommentaren
handelt es sich nicht um Unkenrufe von Verängstigten oder
Scharfmachern, die etwas dramatisieren möchten. Es handelt sich
um objektive Feststellungen.

Als 1963 dieses Buch in seiner ersten Auflage erschien, glaubten
viele, es stelle die Lage in Kirche und Theologie und besonders
die moderne Theologie zu spitz und überzeichnet dar. Nebst be-
tonter Zustimmung brachte es mir deshalb auch Vorwürfe ein.
Nachdem, was wir inzwischen alles erleben mußten, hat sich dieser Vorwurf als unrichtig erwiesen.

1965 erschien bereits die 4. Auflage. Auch diese vierte Auflage
ist längst vergriffen. Ich ließ sie absichtlich nicht erneuern.
Warum? Weil ich durch die hohe Gesamtauflage von 60 000
Exemplaren glaubte, die Nachfrage sei aufs Ganze gesehen ge-
sättigt. Außerdem hatte ich zur theologischen Auseinandersetzung das weiterführende Buch geschrieben: „Kirche am Scheideweg. Glaube oder Irrglaube". Dies Buch war besonders gedacht
für alle verantwortlichen Mitarbeiter in Kirche und Gemeinde,
also für Pfarrer und Prediger, Kirchenälteste, Religionslehrer
und Jugendsekretäre, aber auch für Theologiestudenten an Universitäten und Seminaren unserer Landes- und Freikirchen. Um
nachprüfen und weiter forschen zu können, arbeitete ich in ihm
mit dem sogenannten wissenschaftlichen Apparat, wie z. B. mit
genauen Quellenangaben, mit Literaturverzeichnis, Personen-
und Sachregister. Es hat sich aber erwiesen, daß die Nachfrage
nach dem Buch „Alarm um die Bibel" nicht verstummte. Dies
Buch war bewußt für die Gemeinde im weiten Sinn des Wortes
geschrieben. Die angestrebte Allgemeinverständlichkeit dieses
Buches mag zu der anhaltenden Nachfrage beigetragen haben.
Vielleicht hängt die Nachfrage aber auch damit zusammen, daß
Menschen, die sich um Orientierung bemühen, die Verzahnung
des Heute mit dem Gestern erkennen möchten. Darum habe ich

der wiederholten Anregung des Verlages entsprochen, dieses Buch in einer Neuauflage herauszubringen.

Um aber den Anschluß an das Heute herzustellen, habe ich das Buch überarbeitet und die Linien bis in die Gegenwart ausgezogen. Die eigentlichen Aussagen sind aber unverändert geblieben, denn sie sind nach wie vor gültig.

Außerdem ist das Thema dieses Buches ungebrochen von brennender Aktualität, ja ich wage zu sagen: erst vom Kampf um die Autorität der Bibel her ist die heutige Auseinandersetzung, wie auch die Zuspitzung der Gegensätze nicht nur in den Kirchen der westlichen Welt, sondern auch in der weltweiten Ökumene zu verstehen.

Das stellt uns vor zwei Fragen:

1. Wie ist denn die Lage in Kirche und Theologie?

2. Wie kam es eigentlich dazu?

Ich möchte hoffen, daß die Lektüre dieses Buches in bescheidener Weise helfen darf, die Wurzeln freizulegen, damit wir den geistigen Zusammenhang des Heute mit dem Gestern erkennen.

Gerhard Bergmann
5884 Halver, im März 1974

Die Lage in Kirche und Theologie

Um die Frage nach der Lage in Kirche und Theologie erschöpfend zu beantworten, müßte eigens ein Buch für sich geschrieben werden.* Dabei würde dieser Lagebericht sehr buntscheckig werden. Und dies sowohl unter sachlichen wie unter geographischen Gesichtspunkten. In Nord- und besonders in Südamerika erfolgt ein starker geistlicher Aufbruch. Asien sieht sich einer Herausforderung besonders durch den Kommunismus gegenübergestellt. Afrika ringt mit seinen Rassenproblemen.

Und Europa?

Selbstredend ist Europa auch mit den Problemen der übrigen Welt verflochten. Wenn ich einmal als besondere Charakteristika sechserlei nennen darf, dann folgende:

1. Kennzeichnend ist ein starker Zug zum S ä k u l a r i s - m u s (zur Verweltlichung).

   Damit steht in Verbindung

2. Der technische Glaube an die M a c h b a r k e i t aller Dinge. Dieser Glaube nimmt auf das Lebensgefühl der Menschen starken Einfluß und hat in Verbindung mit dem Säkularismus seine Rückwirkung auf Kirche und Gemeinde.

3. Die I d e o l o g i s i e r u n g des Evangeliums. D. h.: das Evangelium wird weithin zu einer Religion für humanistische Weltverbrüderung. Von dorther kommt es zu starken Verquickungstendenzen mit der Ideologie des Marxismus.

4. Die Neigung zum S y n k r e t i s m u s (Religionsvermengung). Diese Neigung ist mit dem dritten Charakteristikum stark verbunden. Der Hang zum Synkretismus auf religiösem und politisch-weltanschaulichem Gebiet verweist uns auch auf den Bereich der Ökumene.

5. Als ein Mittel, die synkretistischen Ziele zu erreichen, taucht die sogenannte G r u p p e n d y n a m i k wachsend am Horizont auf.

6. Störenfried in der geistigen Landschaft ist ein weltweites Gefühl der U n s i c h e r h e i t, der Aporie und des Unbehagens.

---

*) Vgl. dazu: Gerhard Bergmann: „Leben wir in der Endzeit?" 100 000 Exemplare; „Was kommt auf uns zu?" 100 000 Exemplare.

Die Ideologisierung des Evangeliums

Kernstück der heutigen Lage in Kirche und Theologie bildet zweifellos die systematische und allmähliche *Umformung des Evangeliums in eine Ideologie.* Wer diesen Umformungsprozeß sieht, beurteilt die Lage ohne Selbsttäuschung. Das Wort Ideologisierung können wir mit sachfremder Verweltanschaulichung übersetzen.

Frage: Wie sieht denn diese Umformung praktisch aus? Das wollen wir uns an einigen markanten Punkten verdeutlichen. Zunächst müssen wir allerdings den Blick für folgende Tatsachen schärfen:

Z w a r :
Zwar gelten in den Kirchen die sogenannten „Grundartikel" noch nach wie vor. Sie bilden in der Regel die Präambel (Eingangsformel) der Kirchenordnung. Auf die Grundartikel hat sich die jeweilige Landeskirche für ihr Selbstverständnis, ihre Lehre und Verkündigung verpflichtet. Zu den Grundartikeln gehören in der Regel z. B. die drei Glaubensbekenntnisse der Gesamtchristenheit: das Apostolische, das Nicänische und das Athanasianische Glaubensbekenntnis. Manche Kirchen nehmen auch die sogenannte Barmer Erklärung vom Jahre 1934 mit in ihre Präambel. Die Barmer Erklärung war aus der Auseinandersetzung mit dem Absolutheitsanspruch des nationalsozialistischen Staates erwachsen. Die erste These dieser Erklärung lautet:

> „Jesus Christus, wie er uns in der Heiligen Schrift bezeugt wird, ist das eine Wort Gottes, das wir zu hören, dem wir im Leben und im Sterben zu vertrauen und zu gehorchen haben.

> Wir verwerfen die falsche Lehre, als könne und müsse die Kirche als Quelle ihrer Verkündigung außer und neben diesem einen Worte Gottes auch noch andere Ereignisse und Mächte, Gestalten und Wahrheiten als Gottes Offenbarung anerkennen."

Welch ein biblisch orientiertes und konzentriertes Bekenntnis! Es ist nicht anzunehmen, daß sich die Kirchen durch synodale Mehrheitsbeschlüsse von den Grundartikeln lossagen werden. Diese Tatsache könnte nun harmlose Leute zu der Meinung verführen, es sei doch mehr oder weniger alles in Ordnung.

A b e r :
Aber der Schein trügt. Denn die ideologische Umformung des Evangeliums geht parallel zu dem gleichzeitigen In-Geltung-

Stehen der Grundartikel vor sich. Beweis: In der gleichen Kirche mit ihren Grundartikeln kann ebenso eine

Gott-ist-tot-Theologie

verkündigt werden, wie dies ja auch geschieht und inzwischen jedermann weiß. Eine Hauptvertreterin der Gott-ist-tot-Theologie ist bekanntlich die Kölner Dozentin Dorothee *Sölle-Steffenski*. Sie wird zu Kirchentagen nach Köln, Düsseldorf und Frankfurt eingeladen. In dieser Gott-ist-tot-Theologie wird Gott seines Personseins beraubt. Mit einem Fachausdruck gesagt: Gott wird existentialisiert, d. h. er wird entpersönlicht, er wird zu einem Teil menschlicher Existenz. D. Sölle drückt dies wörtlich so aus: „G o t t — d a s   i s t   d e r   a l l t ä g l i c h e M e n s c h." Diesen Satz dürfen Sie nicht in dem Sinne verstehen, daß Ihnen Gott in dem alltäglichen Menschen Ihrer Arbeit, Ihrer Umgebung, aber auch im Armen und Entrechteten begegnen möchte. Dann wäre der Satz richtig. Aber der Satz lautet ja nicht: Gott begegnet mir im alltäglichen Menschen, sondern „Gott — das   i s t   der alltägliche Mensch." Diese Gott-ist-tot-Theologie läßt sich auch durch Zitate anderer Theologen unserer Tage belegen. So sagte z. B. Theologie-Professor Gert *Otto* in der Aussprache nach seinem und meinem Vortrag vor Studenten an der Universität Mainz: „G o t t   i s t   e i n e C h i f f r e ,   e i n   N a m e ." Er meinte, auf den Namen könne man nicht verzichten, weil wir keinen besseren hätten. Aber Gott als Person existiert nicht. Das nennt man zu deutsch Atheismus.

Aber dieser Atheismus wird in derselben Kirche gelehrt, in der die Grundartikel der Kirchenordnung nach wie vor gelten.

Gelehrt wird er auch von Theologie-Professor Herbert *Braun:* „*Gott ist nicht zu verstehen als der für sich Existierende, sondern ... als das Woher meines Umgetriebenseins, ... als eine bestimmte Art von Mitmenschlichkeit.*" Gelehrt wird dieser „theologische" Atheismus ebenfalls von dem Theologie-Professor Manfred *Mezger:* „Wer den Unsichtbaren meint, muß sich an den sichtbaren Mitmenschen halten." Gelehrt wird er auch in der nordamerikanischen Gott-ist-tot-Theologie, wenngleich sie auch — gottlob — nur sehr geringen Einfluß in der amerikanischen Öffentlichkeit hat. Ich konnte mich davon an Ort und Stelle überzeugen.

Frage: Worin besteht in der Gott-ist-tot-Theologie nun die Ideologisierung? Antwort: D i e   I d e o l o g i s i e r u n g   b e -s t e h t   d a r i n ,   d a ß   s i c h   h i e r   E v a n g e l i u m   i n

Religionsphilosophie auflöst, besteht darin, daß sich hier Theologie in Anthropologie verwandelt.

Ein zweites markantes Beispiel für die Ideologisierung des Evangeliums besteht in der

Jesus-ist-tot-Theologie

Seien Sie bitte nicht verwundert über diesen Ausdruck. Er ist zwar nicht geläufig, aber gleichwohl zutreffend. Zwar standen während des Kirchentags in Stuttgart eine Zeitlang die zwei Worte „Jesus lebt" auf der Stirnwand der großen Halle 6. Sie wurden auch von den Vertretern der modernen Theologie geduldet, aber in Wirklichkeit anders verstanden. Denn auch Jesus ist in bezug auf sein Personsein tot. Denn die Einmaligkeit der Auferstehung Jesu Christi bezeichnet Dorothee *Sölle* rundheraus als „Irrtum". Sie schreibt: „Auferstanden ist immer nur d e r Christus, der Gegenwart wird . . .", d. h. der „in uns" aufersteht. „Tot bleibt der, von dem wir nichts lernen."

In entsprechender Weise lassen sich auch die übrigen modernen Theologen vernehmen. In dem 1972 erschienenen Buch von Heinz *Zahrnt:* „Wozu ist das Christentum gut?" schreibt er: *„Jesus von Nazareth war ein armer Mensch — aber die Kirche hat ihn reich gemacht. Jesus von Nazareth hat in der Tiefe menschlicher Verlassenheit nach Gott geschrien — aber die Kirche hat ihn emporgejubelt und auf Gottes Thron gesetzt."* Abgesehen von dem unqualifizierten Ausdruck „emporgejubelt" steht auch hinter dieser Christologie (Lehre über Christus) eine Jesus-ist-tot-Theologie.

Es ist klar, daß dieser Jesus natürlich nicht f ü r unsere Sünden auch nicht w e g e n unserer Sünde als Weltheiland und Erlöser gestorben ist. Erst noch im März 1974 bekannte sich Professor Ernst *Käsemann,* Tübingen, zu einem p o l i t i s c h e n Jesus-Verständnis. Auf einem evangelischen Männertreffen in Hessen-Nassau sagte er: „J e s u s   i s t   a l s   p o l i t i s c h   V e r f o l g t e r   g e s t o r b e n." Das stimmt nicht. Denn Jesus selbst sagt: „Ich gebe mein Leben zur Erlösung." Gestorben ist er, weil er die Messianität und Gottessohnschaft für sich in Anspruch nahm. Der Hohepriester fragte Jesus: „Ich beschwöre dich bei dem lebendigen Gott, daß du uns sagst, ob du seist Christus, der Sohn Gottes." Jesus sprach zu ihm: „Du sagst es . . ." Da zerriß der Hohepriester seine Kleider und sprach: „Er hat Gott gelästert! Was dünkt euch?" Sie antworteten und sprachen: „Er ist des Todes schuldig . . ." (Matth. 26, 63—66). Jesus wurde also aus religiösen und nicht aus politischen Gründen zum Tode verurteilt. Frage: Worin besteht nun bei der modernen Theologie die I d e o l o g i s i e r u n g des Evangeliums?

Antwort: S i e   b e s t e h t   d a r i n ,   d a ß   J e s u s   h i e r   s e i n e s   e i g e n e n   S e l b s t v e r s t ä n d n i s s e s   b e r a u b t   w i r d   u n d   T h e o l o g e n   i h n   i n   d i e   Z w a n g s j a c k e   i h r e r   s e l b s t g e m a c h t e n   J e s u s - V o r s t e l l u n g   n ö t i g e n .

Die Grundartikel der Kirchen sagen über Jesus ganz etwas anderes. Aber aus dieser Tatsache werden keine entsprechenden Folgerungen gezogen. Dabei wäre das doppelt erforderlich — gerade heute. Denn wir erleben in diesen Jahren vor 1980 eine

Steigerung der Ideologisierung des Evangeliums

Diese Steigerung — das moderne Wort dafür heißt Eskalation — erleben wir in d r e i   E t a p p e n .

1. Etappe: Mit der m o d e r n e n   T h e o l o g i e fing es an. Mit ihr verbanden sich allergrößte Hoffnungen. Diese Hoffnungen haben sich zerschlagen. Denn überall dort, wo die moderne Theologie Einzug gehalten hat, hat die Kirchlichkeit mehr oder weniger ihren Auszug gehalten. An drei Beispielen wird das besonders erkennbar:

1. Die Kirchenaustritte nehmen zu.
2. Der Gottesdienstbesuch nimmt seit Jahren ab.
3. Der zwar mit Millionen bezuschußte Kirchentag 1973 in Düsseldorf führte durch seine geringe Beteiligung zu einem großen Erschrecken.

Die zwar vorher als „kleine Gruppe" abqualifizierte Bekenntnisbewegung wird seitdem von der offiziellen Amtskirche und anderen schier umworben und gebeten, doch wieder beim Kirchentag mitzumachen; denn sie erreicht erfahrungsgemäß viele Menschen.

Auf der anderen Seite geht die Steigerung der Ideologisierung des Evangeliums aber weiter.

2. Etappe: In konsequenter Weiterführung der modernen Theologie kam es zur erwähnten G o t t - i s t - t o t - T h e o l o g i e . Aber sie vermochte ebenfalls nicht zu befriedigen. So führte auch sie weiter und zwar in unser gegenwärtiges Stadium:

3. Etappe: Die T h e o l o g i e   d e r   R e v o l u t i o n . Nun konzentrieren sich die Hoffnungen auf eine innerweltliche Entwicklung hin zu einer erdumspannenden Humangesellschaft, in

der Marxismus und Christentum — so wie sie es verstehen — sich gegenseitig decken. Oder sage ich abgeschwächt — harmonisch ergänzen. Vertreter der Kirche, die in ihrer Nüchternheit diesem politischen Ziel nicht folgen, werden als rückständig abgelehnt. Ein typisches Beispiel dafür sind die Berliner Vorgänge in den Wochen des Übergangs 1973/74. 16 Pfarramtskandidaten sollten durch Generalsuperintendent *Helbich* ordiniert werden. Er gilt als ein an Schrift und Bekenntnis gebundener Theologe. Die Kandidaten gehörten dem Praktisch-Theologischen-Ausbildungsinstitut (PTA) an. Weil sich Helbich kritisch gegen das Praktisch-Theologische-Ausbildungsinstitut gewandt und es als „Rotes Meer" bezeichnet hatte, lehnten von den 16 Kandidaten es 15 ab, sich durch ihn ordinieren zu lassen. Es wurde von dritter Seite festgestellt,

> daß „die Kandidaten mehr vom Sozialismus wüßten als von Jesus Christus",

> daß „die Kapelle im PTA schon lange nicht mehr für Gottesdienste und Andachten, sondern als Tischtennis- und Abstellraum benutzt wurde",

> daß der Vikar „Cornelius Burghardt sicher nicht zufällig in das Leitungsgremium des PTA gewählt worden sei",

übrigens ein Vikar, der zu Mitgliedern der kriminellen Baader-Meinhof-Gruppe in Verbindung stand und bereits im Jahre 1970 „per Flugblatt zum Kampf gegen die Reaktion, ‚bis hin zum Bombenlegen' aufrief."

Da diese Revolutions-Theologie mit einem rosaroten und deshalb unbiblischen Menschenbild arbeitet, wird auch diese dritte Etappe zu einer tiefen Enttäuschung führen.

Ursache der Ideologisierung des Evangeliums

Die uns schier bedrängende Frage lautet: Aber wie kam es denn zu dieser verhängnisvollen Fehlentwicklung in Kirche und Theologie? Darauf können wir mit einem einzigen Satz antworten. Die eigentliche Ursache für die um sich greifende Fehlentwicklung in Kirche und Theologie besteht in dem gebrochenen Verhältnis zur Heiligen Schrift. Wenn wir auf die Frage nach der Ursache nicht mit einem Satz, sondern mit nur einem einzigen Wort anworten wollen, dann können und müssen wir sagen: Die Ursache für die Fehlentwicklung liegt in der Bibelkritik.

Diese Feststellung muß nun auf den folgenden Seiten erhärtet werden. Sie führt uns deshalb an die ganze Problematik heran, die sich mit der Heiligen Schrift verbindet und dem Titel dieses Buches „Alarm um die Bibel" seine brennende Aktualität gibt.

Die Bibelkritik soll in die Gemeinden und Schulen

Den nachfolgenden Ausführungen möchte ich drei Worte der Heiligen Schrift voranstellen:

Jesus Christus sagt: *„ . . . die Schrift kann doch nicht gebrochen werden."*

Paulus schreibt: *„Ich glaube allem, was geschrieben steht."*

Petrus bezeugt: *„Wir sind nicht klugen Fabeln gefolgt."*

„Nun sagen Sie doch mal: was hat es eigentlich mit der Bibelkritik durch die moderne Theologie auf sich? Man hört so viel davon, aber ein rechtes Bild kann man sich nicht machen."

Wir sprachen miteinander über manche anstehenden Fragen, von denen viele nachdenkende Menschen bewegt werden. *„ . . . und noch eins, was mir sehr wichtig ist: wenn Sie zu dem brennenden Thema Bibel schreiben, dann bitte so, daß wir nichtstudierten Gemeindeglieder es auch verstehen können."* So sagte ein pensionierter Beamter zu mir, als er mir seine Not klagte, die ihm die moderne Theologie bereitet. In dieser Not hatte er sich sogar an Prof. B u l t m a n n mit einem Brief gewandt. Dieser Brief mag ein Zeugnis dafür sein, wie ernst es vielen Gemeindegliedern draußen im Lande ist, in den verwirrenden Fragen zur Klarheit zu kommen.

Überhaupt kann einen die Not, die durch die moderne Bibelkritik entsteht, sehr traurig machen, mehr noch: sie treibt einen in großen Kummer und schwere Sorge.

In Hamburg erscheint das „Allgemeine Deutsche Sonntagsblatt". Früher hieß es schlicht „Sonntagsblatt". Der theologische Leiter dieser Wochenzeitung ist Dr. theol. Heinz Z a h r n t. Er ist ein Vertreter der modernen Theologie. In der Weihnachtsnummer des „Sonntagsblattes" von 1960 schrieb er einen Artikel unter der Überschrift: „Der Sohn und die Söhne." In diesem weitverbreiteten Blatt stieß er mit seinem schriftwidrigen Artikel tief in die Gemeinden vor und teilte allen Lesern mit:

„Die neutestamentlichen Zeugnisse lassen keinen Zweifel darüber, daß Jesus ein wirklicher Mensch war und nicht ein Himmelswesen."

Diesen Ausdruck „Himmelswesen" findet man wiederholt im Wortschatz der modernen Theologie. In Wirklichkeit liegt in diesem verzerrenden Wort nicht weniger als die Leugnung der Gottessohnschaft. Zahrnt schreibt über Jesus: „Nichts Übergeschichtliches, Übernatürliches oder gar Unnatürliches spielt hier hinein." Nun konnten es also alle, alle von Flensburg bis Zürich lesen. Die moderne Theologie will eben in die Gemeinden — und in die Schulen.

In dem gleichen Hamburger „Sonntagsblatt" erschien im Mai 1962 ein Artikel aus der Feder eines anderen Schreibers: „Erziehung zum denkenden Glauben." Dafür sind wir zwar auch und sogar mit großem Nachdruck. Aber der Untertitel des Artikels gibt zu erkennen, was man unter „denkendem Glauben" versteht. Er lautet: „Bibelkritik in der Schule." Der Artikel erhebt die Forderung: „Die Naivität überwinden." Die „Hilfen gewinnen" sie dazu in der „zeitgenössischen Theologie". Wir lesen ferner: „Wir müssen endlich die falsche Entgegensetzung von Glauben und Theologie hinter uns lassen, wenn wir nicht wollen, daß der Glaube junger Menschen geistlos wird."

Wie die moderne Theologie in Predigt und Bibelstunde aussieht, dafür ein Beispiel wieder für viele.

Der Pfarrer — ich könnte Namen und Ort nennen — spricht über die Hochzeit zu Kana. Dabei sagt er einleitend den Satz: „*Wenn man hier nicht an Hexerei glauben will, dann ist dies schwer zu verstehen.*" Darum kommt er zu der Feststellung, daß es sich hier um eine „Mythe" = eine Sage, Göttersage, handelt.

Angesichts des entschlossenen Willens der modernen Theologie, in weiteste Kreise der Gemeinde mit der Bibelkritik einzudringen, ist für die Gemeinde Jesu höchste Alarmstufe gegeben.

Die moderne Theologie will eben in die Gemeinde vorstoßen. Wir können dies nicht hindern. Wir sind dann aber um der Verantwortung willen gerufen, die Gemeinde über die moderne Theologie aufzuklären.

Keine Verharmlosung

Harmonisierungsversuche zwischen herkömmlichem Glaubens- und Bekenntnisstand der Gemeinden einerseits und der modernen Theologie andererseits werden beiden Teilen nicht gerecht. Eine Verharmlosung der Lage dürfen wir uns nicht erlauben. Mehr noch: Sie würde uns schuldig machen. Wie wenig Beruhigungstabletten am Platze sind, dafür folgende Tatsache.

Ein bekannter Theologe der evangelischen Kirche schreibt unter der Überschrift „Bekennende Kirche 1962" u. a. folgendes:

„Man wird zugeben müssen, daß das Bekenntnis keine zwingende Gewalt mehr unter uns hat . . . Als wir den Kirchenkampf begannen, stand die Theologie Karl Barths in voller Blüte . . . Inzwischen ist . . . die Bedeutung der Theologie Barths sehr zurückgegangen. Bultmann hat einen Siegeslauf angetreten, den man für fast beispiellos halten kann . . . So ist denn ein Zustand in unserem Kirchenwesen eingetreten, der . . . uns . . . mit tiefster Sorge erfüllen müßte . . . Achtet man auf die Lehrinhalte, wie sie im Bekenntnis der Väter aufgezeichnet stehen, hat die Bekennende Kirche nicht gehalten, was sie versprach, als sie antrat." Er fährt dann mit dem erschütternden Satz fort, dem ich meine ganze Zustimmung geben muß:

„Es ist schwer zu sagen, ob nicht die Anfechtung, die so entsteht, schwerer ist als die, welche damals (gemeint 1933 ff) über uns hereinbrach. Das ist eine schwerwiegende Feststellung."

Darum jetzt nur keine Verharmlosung. Es geht um die Fundamente des Glaubens. Ja, es geht hart an die Fundamente.

Wenn wir uns auch scharf von der bibelkritischen Theologie unserer Tage absetzen, so betonen wir trotzdem, daß die modernen Theologen, Bultmann und seine Schüler, von einer besten Absicht erfüllt sind. Gerade dem modernen Menschen wollen sie Brücken zum Glauben bauen. Um so größer ist die Tragik, daß sich ihre Brücken als völlige Fehlkonstruktionen erwiesen haben und immer wieder erweisen. *Ihre Brücken tragen nicht. Wahrhaftig nicht. Statt Menschen zum Glauben zu verhelfen, was ihr aufrichtiges Wollen ist, verwirren sie die Gemeinden und machen viele Menschen am Glauben irre. Warum? Weil sie den Glauben falsch verstehen. Doch darüber später. Jedenfalls müssen wir feststellen: die gute Absicht allein genügt noch nicht.*

17

Das Anliegen dieser Schrift

Aus der Absicht, Klarheit über das Verhältnis von moderner Theologie und Gemeinde zu schaffen, erwächst das Anliegen dieser Schrift. Sie stellt sich eine vierfache Aufgabe:

1. Sie möchte die Gemeinde Jesu mit den G r u n d z ü g e n d e r m o d e r n e n T h e o l o g i e bekanntmachen und zeigen, was sich daraus für Folgerungen in bezug auf die Bibel ergeben.

2. Sie will versuchen, M i ß v e r s t ä n d n i s s e a u s z u r ä u m e n , die in der Vorstellung vieler Christen wohnen, und die sie über die Schriftlehre der Evangelikalen, der bekennenden Gemeinschaften und überhaupt über diejenigen weithin haben, die sich selbst gern und schlicht „Gemeinde Jesu" nennen. Diese Gemeinde Jesu ist nicht mit einer bestimmten Konfession gleichzusetzen. Dieser Begriff Gemeinde Jesu meint alle bewußt Christusgläubigen und Bibeltreuen.

3. Durch die Entfaltung des ersten und zweiten Anliegens hofft sie einen bescheidenen Beitrag zur K l ä r u n g d e r F r o n t e n und — wenn möglich — auch zur gegenseitigen V e r s t ä n d i g u n g geben zu können.

4. Darüber hinaus möchte sie der Gemeinde Jesu eine kleine Hilfe zur großen Freudigkeit geben, auch fernerhin ein u n g e b r o c h e n e s J a z u r H e i l i g e n S c h r i f t zu sagen. *Die Gemeinde Jesu hat wegen ihrer „Bibelgläubigkeit" nicht den allergeringsten Grund, Rückständigkeitsgefühle zu haben und über unsachliche Vorwürfe wie „Naivität" und „Simplifizierung", „primitiv" und „unwissenschaftlich" ernsthaft traurig zu sein.* Diese Vorwürfe wollen wir gelassen und ohne Groll auf uns nehmen.

Gern möchten wir hoffen, daß es uns gelingt, die vier Anliegen einigermaßen befriedigend herauszustellen. Dabei geben wir uns keinen Augenblick der Täuschung hin, daß die gerade erwähnten Vorwürfe nicht auch gegen diese Schrift erhoben werden, wenngleich wir uns die Mühe machten, die einschlägigen Werke gerade der modernen Theologie sehr aufmerksam durchzuarbeiten.

In f o r m a l e r Hinsicht stellt sich diese Schrift die Aufgabe, alles in einer allgemeinverständlichen und gemeindegemäßen Weise zu sagen. Wenn sich dennoch Fachausdrücke und Fremdwörter

nicht immer vermeiden lassen, so sollen sie aber so gut ver-
deutscht oder umschrieben werden, wie dies möglich ist. Nochmals: Wer sich noch intensiver mit all den anstehenden Fragen
befassen möchte, sei auf das weiterführende Buch verwiesen
„Kirche am Scheideweg. Glaube oder Irrglaube".

Und nun ans Werk.

I. Teil

Die geistigen Wurzeln der modernen Theologie

„Wie kann nur ein Bultmann sagen: Jesus sei nicht leiblich auferstanden, wo uns dies doch eindeutig im Neuen Testament bezeugt wird?"

So fragte mich jemand ganz entrüstet. „Ich kann so etwas nicht begreifen", fügte er hinzu. In der Tat ist es ja auch schwer zu verstehen, warum es nach Bultmann und vielen seiner Schüler keine Wunder, keine Engel, keine Dämonen, keine Jungfrauengeburt Jesu, keine Himmelfahrt, keine Wiederkunft, keine Sündenvergebung etc. geben soll. Die Bibel sagt doch ganz etwas anderes. Das wissen Bultmann und seine Schüler natürlich auch. Wie kommen sie trotzdem dazu, diese klaren Aussagen der Bibel abzuweisen? Die entscheidend wichtige Antwort, durch die alle weiteren Geleise gelegt werden, muß lauten:

Bultmann und viele seiner Schüler nehmen den Ausgangspunkt für ihre Theologie nicht bei der Bibel selber, sondern

1. beim modernen Wissenschaftsbegriff,
2. bei der Philosophie,
3. bei der Naturwissenschaft und
4. bei der Geschichtswissenschaft.

Wir müssen uns jetzt die Mühe machen, uns diesen Herkunftsort etwas näher anzusehen. Wir müssen sie uns wirklich machen, denn nur dann verstehen wir die moderne Theologie. Von dorther sind nämlich ihre theologischen Entscheidungen bestimmt. Haben wir den Ausgangspunkt der modernen Theologie richtig ins Visier bekommen, dann ist uns auch ihr weiterer Weg völlig klar und wir verstehen ihre Stellung zur Bibel.

1. Der moderne Wissenschaftsbegriff

Von Bultmann muß man wissen, daß er selbst gesagt hat, es sei ihm nicht möglich, Theologie zu betreiben, wenn er nicht durch die Schule des Liberalismus gegangen wäre. Für den Liberalismus, wie für die moderne Theologie ist es nun kennzeichnend, daß sie den Wissenschaftsbegriff übernommen haben, der seine Ausprägung wesentlich in der Zeit der Aufklärung im 18. Jahrhundert und besonders bei den Philosophen D e s c a r t e s und K a n t fand. Nach der irrtümlichen Meinung Bultmanns gibt es

für den modernen Wissenschaftsbegriff nur die „i n s i c h r u -
h e n d e E n d l i c h k e i t". D. h. unsere Welt ist etwas in sich
Ruhendes, etwas in sich Geschlossenes und Ganzes. Sie ist wie
ein Haus, in das nichts Fremdes von außen einwirkt. Das Fremdwort dafür lautet: unsere Welt ist „immanent" = in sich geschlossen. Alle Aussagen, die über diese „Immanenz", die reine
Innerweltlichkeit hinausgehen, sind unwissenschaftlich. Der bekannte Physiker und Christ, Prof. Carl Friedrich v o n
W e i z s ä c k e r , sagte, daß in unserer Welt der Glaube an die
Wissenschaft „die beherrschende Religion unseres Zeitalters dar-
stellt". Da die moderne Theologie großen Wert darauf legt

1. „wissenschaftliche" Theologie zu sein und

2. ausdrücklich den modernen Wissenschaftsbegriff
   übernimmt,

ist es dann natürlich unwissenschaftlich, noch von Wundern,
von Auferstehung, von Sündenvergebung etc. zu reden. Denn
das sind ja alles Dinge, die den Kreis von außen sprengen. Was hat schon unsere mathematisch berechenbare und stren-
ger Gesetzmäßigkeit unterworfene Welt mit Engeln oder son-
stigen „Himmelswesen" zu tun? Unsinn! Wer davon redet, redet nicht mehr „wissenschaftlich".

Jedermann sieht nun ein, daß sich von dorther ein erster Zusammenprall zwischen der modernen Theologie und der Bibel
ergeben muß. Der zweite ergibt sich durch

2. Die Philosophie

Das darf man nun keineswegs falsch verstehen. *Man muß immer
das Philosophieren selber, d. h. die Beschäftigung mit der Philosophie als solcher, von einem philosophischen System unterscheiden. So richtig das Philosophieren an sich ist, so falsch ist es aber,
wenn man sich von einem philosophischen System an die Kette
legen läßt. Genau das liegt aber bei der modernen Theologie
vor.* Sie ist gleich bei zwei philosophischen Systemen vor Anker
gegangen. Mit den Fremdwörtern heißen sie:

Rationalismus und
Existentialismus.

Was ist damit gemeint?

Rationalismus

Der Rationalismus geht mit der erwähnten Aufklärung Hand
in Hand. Im Rationalismus singt man eine Lobeshymne auf

die Vernunft (lateinisch ratio) und den Verstand des Menschen.
Ephraim L e s s i n g ist ein Vertreter jener Vernunftüberschät-
zung des Menschen. Darum schwelgt er in der rosaroten und
naiv optimistischen Meinung: „O f f e n b a r u n g g i b t d e m
M e n s c h e n n i c h t s, w a s e r n i c h t a u c h a u s s i c h
s e l b s t h a b e n k ö n n t e." Dieser Satz ist völlig falsch.
Denn wäre er richtig, so wäre die Offenbarung Gottes in der
Heiligen Schrift überflüssig. Wer darum die Vernunft des Menschen so hoch überschätzt, muß im gleichen Maße die Offenbarung Gottes in seinem Wort unterschätzen. Nun ist die Vernunft
an sich zwar ein gutes Ding. Ohne den Gebrauch unserer Vernunft wäre ein menschliches Zusammenleben nicht denkbar. Wir
handeln als vernünftige Wesen. Das ist also offenbar mit dem
Rationalismus nicht gemeint. Denn sonst wären wir alle Ratio-
nalisten.

Was wir unter Rationalismus verstehen, bezieht sich nicht auf
den Bereich des Natürlichen und Menschlichen, sondern erstreckt
sich auf das Göttliche. Wenn sich der Mensch mit seiner Vernunft von Gott und seiner Offenbarung lossagt, wie z. B. ein
Kind seine Hand von der Hand des Vaters löst, dann haben
wir es mit dem Rationalismus zu tun. Dann sprechen wir von
einer „autonomen Vernunft" = einer Vernunft, die sich in „religiösen" Dingen verselbständigt hat, dann sprechen wir von
„Autonomie" = Selbstgesetzgebung. D i e s e a u t o n o m e
V e r s e l b s t ä n d i g u n g d e s m o d e r n e n M e n s c h e n
i s t d e r e i g e n t l i c h e S ü n d e n f a l l u n s e r e r
Z e i t.

Gerhard E b e l i n g, Professor der systematischen Theologie
in Zürich, ist ein Vertreter der modernen Theologie. Er sagt
über die Vernunft u. a. folgendes: „Zu der den Menschen der
Neuzeit angehenden Wirklichkeit gehört nun aber ... die Erschließung der Autonomie der Vernunft und dementsprechend
d i e u n u m g ä n g l i c h e P f l i c h t z u m G e b r a u c h
d e r a u t o n o m e n V e r n u n f t." Auch jetzt müssen wir
wieder erkennen, daß bei einer solchen Einstellung zur autonomen Vernunft es zu einem ernsten Konflikt mit der Bibel
kommen muß; denn die Bibel weiß zum modernen Menschen
und seiner Vernunft ganz etwas anderes zu sagen. Z. B. dies:
„Der natürliche Mensch aber vernimmt nichts vom Geist Gottes; es ist ihm eine Torheit, und er kann es nicht erkennen; denn
es muß geistlich gerichtet sein" (1. Kor. 2, 14).

22

Wir können uns an dieser Stelle mit der Feststellung begnügen,
daß die moderne Theologie, die von der liberalen Theologie
herkommt, von der Inthronisierung des Menschen und seiner
autonomen Vernunft entscheidend geprägt ist.

Die Überschätzung des Menschen in der moder-
nen Theologie zeigt sich auch durch ihre Verquickung mit dem
zweiten philosophischen System: dem Existentialismus oder der

Existenz-Philosophie

Weil von hier starke Einflüsse auf die moderne Theologie aus-
gehen, nennt man diese auch öfters Existenz-Theologie.
Bekanntester Vertreter dieser Existenz-Theologie ist Rudolf
Bultmann. Er ist vornehmlich bei dem Existenz-Philoso-
phen Martin Heidegger (geb. 1889) in die Schule gegangen und hat besonders von dem jungen Heidegger viel übernommen. In „Kirche am Scheideweg" habe ich dies ausführlich
untersucht und belegt. Die Verquickung dieser Philosophie mit
der Theologie ist für die Kirche zu einem sehr schweren Verhängnis geworden und führte zu tragischen Folgen in der Stellung zur Heiligen Schrift. Diese Verquickung zeigt sich besonders in zweifacher Hinsicht:

1. Die moderne Theologie übernimmt
   den Begriff der „Existenz".

Mit diesem uns allen geläufigen Wort Existenz dürfen wir nun
nicht unsere gängige Vorstellung verbinden, wie wenn wir sagen,
der und der Mensch oder dieser und jener Hund „existiert" nicht
mehr. Mit dem Wort „Existenz" verbindet sich im Sprachgebrauch dieser Philosophie viel mehr.

Diesen Ausdruck hat erstmals der dänische Theologe und Philosoph Sören Kierkegaard (1813—1855) gebraucht. Kierkegaard war ein tiefgläubiger Denker und hatte eine radikal
andere Einstellung zur Bibel und damit auch zum Begriff Existenz als Bultmann. Kierkegaard hat z. B. gesagt: *„Die Bibel ist*
nicht dazu da, daß wir sie kritisieren, sondern dazu, daß sie uns
kritisiert." Es bleibt somit nicht aus, daß Kierkegaards Anliegen in der Existenz-Philosophie und bei Bultmann völlig ver-
weltlicht wird. Das geschieht auch mit dem Begriff „Existenz".
Was meinen sie mit Existenz?

„Die Existenz bedeutet jenen inneren Kern im Men-
schen, der auch dann noch unberührt übrigbleibt, ja dann

erst überhaupt richtig erfahren wird, wenn alles, was der Mensch in dieser Welt besitzt und an das er zugleich sein Herz hängen kann, ihm verlorengeht oder sich als trügerisch erweist." Dieser „Kern" ist also ein Stück vom Menschen und im Menschen. Er hat mit einem Glauben an Jesus Christus absolut nichts zu tun.

Wichtig ist auch dies:

In der Existenz-Philosophie steht der Mensch im Mittelpunkt.

Diese Philosophie möchte den Menschen zum „eigentlichen" Dasein, zur echten Existenz aufrufen und hinführen, d. h. der Mensch soll nicht seine Tage einfach dahinleben, sondern er soll sein Dasein, er soll sich selbst „verstehen" und zum „Selbstsein", zur „Eigentlichkeit" gelangen. Der Mensch gewinnt sich erst in der „Entscheidung" zur echten Existenz. Und zwar sich selbst gewinnt er. Ein Vergleich kann uns weiterhelfen. Ein Hund hat nur Dasein, aber keine Existenz. D. h. er lebt rein trieb- und instinktmäßig dahin. Ein Mensch, der auch nur an Trieb und Trog denkt und — ohne sich die Sinnfrage seines Lebens zu stellen — genießerisch die Tage pflückt, ein solcher Mensch hat auch nur Dasein, aber keine „Existenz" im philosophischen Sinn, und wenn seine wirtschaftliche Existenz noch so glänzend wäre. Letztlich gleicht er doch nur dem Hund, der nur Dasein hat. Der Mensch soll aber ein wirklich „existierender", sich selbst „verstehender" Mensch werden. Diese Gedanken von der Existenz werden von der modernen Theologie übernommen.

Die Verquickung der Theologie mit der Philosophie hat zur Folge, daß ein erneuter Zusammenprall mit der Bibel nicht ausbleibt. Denn sie versteht unter „Existenz" und „Entscheidung" etwas völlig anderes. Bei ihr gewinnt man nicht sich selbst, sondern Jesus Christus.

2. Was ferner die moderne Theologie aus den Händen der Existenz-Philosophie übernommen hat, geht in das Gebiet der sogenannten Metaphysik. Darunter versteht man die Beschäftigung mit den rätselhaften Tiefen des Seins. Die Metaphysik fragt nach dem, was sich hinter dem Sichtbaren verbirgt. Christlich geprägte Philosophie unterschied gern zwischen dem „Diesseits" und dem „Jenseits". Die metaphysischen Fragen umkreisen dabei gern dieses rätselhafte „Jenseits".

Über diese Frage, was denn nun eigentlich die „Welt im Innersten zusammenhält", gab es große und imponierende Lehrgebäude. Es gab sie bereits in der griechischen Philosophie, und es gab sie bereits durch all die Jahrhunderte. K a n t *und die Existenz-Philosophie erschüttern nun diese oft recht selbstsicher errichteten gewaltigen Lehrgebäude.* Damit hatten sie völlig recht.

Für die Existenz-Philosophie ist nun kennzeichnend, wir wiesen bereits oben darauf hin, *daß sie den M e n s c h e n in den Mittelpunkt ihrer Philosophie rückt und nicht mehr die Welt und Metaphysik.* Die Welt wird nun zur Werkwelt. Eine Begleiterscheinung des menschlichen Daseins ist das „In-der-Welt-sein". Dieses In-der-Welt-sein ist bereits die „Metaphysik" — das Überweltliche (= Transzendente), das „Jenseitige". Wenn man so will, kann man paradoxerweise sagen: die Existenz-Philosophie hat nur eine innerweltliche Überweltlichkeit. Über den rätselhaften Hintergründigkeiten der Welt liegt ein Schleier. Anders und noch allgemeinverständlicher ausgedrückt:

Hier ist ein Haus. Im Parterre wohnt der Mensch. Im Stockwerk über dem Parterre wohnen all die vielen Rätselhaftigkeiten. Aber ich als Mensch kenne dieses obere Stockwerk nicht. Darum begnüge ich mich, ja, ich m u ß mich mit meinem Wohnungsraum, sprich mit meiner diesseitigen Welt, begnügen.

Zum Verständnis der modernen Theologie und ihrer Stellung zur Bibel ist nun folgendes von entscheidender Wichtigkeit:

So hundertprozentig richtig es ist, wenn Kant und die Existenz-Philosophie bezweifeln, daß der Mensch die letzte Hintergründigkeit der Welt richtig erschauen und erkennen könne (erkenntnistheoretische Skepsis), *so äußerst verhängnisvoll wird aber im gleichen Augenblick die Sache, wenn nun die Theologie diesen Erkenntniszweifel auf die Bibel und Theologie selber überträgt. Und genau das tut sie. Gerade darin besteht aber der Zweck der Bibel, daß in ihr das geschieht, was Menschen nicht möglich ist. Wir können von uns aus zwar die Welt mit ihren Hintergründigkeiten und Gott in seinen Wesenstiefen nicht entschleiern. Aber er selbst kann es — oder er wäre nicht Gott. Wir können nicht ins Obergeschoß des Welthauses emporsteigen, der Schöpfer der Welt kann aber zu uns heruntersteigen, wenn Er will. Was wir nicht können, kann Er. Gott selber bricht von sich aus das Schweigen der Ewigkeit. In der Bibel erfolgt durch Jesus Christus, wie durch den Mund der Apostel und Propheten das Reden Gottes. Gott offenbart sich. Das ist das eigentliche Thema der Bibel.*

Nun zeigt sich die verhängnisvolle Bindung der Theologie an die Philosophie.

Theologen erniedrigen sich zu „Kostgängern" bei den Philosophen. Was aber das abendländische Verhängnis ist: sie legen Gott an die Ketten der armen, menschlichen Philosophie und damit auch seine Offenbarung in der Bibel. Die Theologie wird zur Magd der Philosophie. Dies ereignet sich in unseren Tagen. Damit vollzieht sich die genaue Umkehrung der Rangordnung, wie sie durch Jahrhunderte des Mittelalters bestand.

Daß die moderne Theologie diese philosophische Hypothek tatsächlich auf die ganze Breite der Offenbarungsbotschaft der Bibel legt, zeigt ihr gesamtes theologisches Schaffen und werden wir noch sehr deutlich und schmerzhaft von ihr demonstriert bekommen. Aber auch schon aus folgendem wird dies erkennbar: In der Literatur der modernen Theologie stößt man wiederholt auf den Begriff „verifizierbar". Das heißt soviel wie als wahr nachweisen, bestätigen können. Was nicht bestätigt, als wahr nachweisbar sei, dürfe man darum auch nicht wirklich behaupten. Bultmannschüler betonen immer wieder, daß Aussagen über Dinge und angebliche Ereignisse, die unsere in sich ruhende Endlichkeit überschreiten, nicht verifizierbar seien, d. h. als wahr nachgewiesen werden könnten und darum nur subjektiv, nur rein persönlich bedingt seien. Dazu gehören z. B. die Wunder.

Die Bibel berichtet uns aber gerade von dem Einbruch in unsere in sich ruhende Endlichkeit. Weil das aber dem Denkschema der modernen Theologie widerspricht, wandern all diese Berichte in den Papierkorb. Halt! Sie wandern nur zum Teil in den Papierkorb, wie z. B. das Weihnachtsevangelium von Lukas 2. Die anderen werden völlig neu ausgelegt. Doch darüber erst später.

Auch diesmal erkennen wir wieder, daß ein frontaler Zusammenprall zwischen moderner Theologie und der Heiligen Schrift nicht ausbleiben kann.

3. Die Naturwissenschaft

Die vier geistigen Wurzeln der modernen Theologie sind untereinander aufs engste verbunden.

Der bereits erwähnte Vertreter der modernen Theologie, Heinz Z a h r n t , sagt wiederholt: „E s g i b t f ü r u n s n u r n o c h e i n e W i r k l i c h k e i t." Welche meint er damit? Nun, die sichtbare, nachweisbare, mich umgebende Weltwirklichkeit. Seit K a n t ist es eine ausgemachte Sache (ein wissenschaftliches Axiom), daß es für den modernen Menschen nur diese eine erfahrbare Wirklichkeit gibt. Durch meine Reisen nach Asien, Afrika und Nord- und Südamerika machte ich die stete Erfahrung, daß man dort über unsere westliche Verkürzung des weiten Wirklichkeitsbereiches nur den Kopf schütteln kann. Diese W i r k l i c h k e i t s v e r k ü r z u n g ist durch den Siegeslauf der Naturwissenschaften wesentlich mitbedingt.

Es meine nun keiner, wir unterstellten der modernen Theologie etwas. Denn eine schier monistisch-materialistische Beschränkung der zwei Wirklichkeiten, der sichtbaren und der unsichtbaren, auf nur die eine sichtbare sei doch für einen Theologen geradezu unmöglich. Das stimmt zwar, aber ausgerechnet diese Verkürzung kennzeichnet die moderne Theologie. Deshalb möchten wir uns dies durch ihren Vertreter, Heinz Zahrnt, etwas ausführlicher sagen lassen, damit uns keiner unterstellen kann, wir hätten die moderne Theologie nicht verstanden oder verzeichnet.

In seinem Buch: „Es begann mit Jesus von Nazareth" ist auf Seite 19 folgendes zu lesen:

„Gerade die heutige Generation verlangt klares Verstehen und intellektuelle Redlichkeit, auch vom christlichen Glauben. Das macht: es gibt für uns nur noch e i n e Wirklichkeit, die uns umgibt und in der wir leben, und nicht irgendeine metaphysische Sonderwirklichkeit oder auch eine christlich zurechtgestutzte und damit immer schon verfälschte Wirklichkeit. Vorbei ist es mit dem alten Schema von den beiden Welten, mit dem unheilvollen, schizophrenen (aufgespaltenen) Denken in zwei Räumen, mit der Aufspaltung der einen Wirklichkeit in ein Diesseits und ein Jenseits, in Weltgeschichte und Heilsgeschichte, in oben und unten ..."

D a m i t i s t d i e B i b e l k r i t i k a u f d i e S p i t z e g e t r i e b e n .

Besser konnten es in dieser Beziehung die Vertreter des Atheismus auch nicht sagen. Tatsächlich! Damit ist geleugnet, was ja gerade die Ausgangsbasis der Bibel ist, nämlich das Wissen um „z w e i Wirklichkeiten" und „z w e i Welten". Damit gilt

Jesu Wort nicht mehr, wenn er zu den Menschen seiner Tage sagt: „Ihr seid von unten her, ich bin von oben her" (Joh. 8, 23). Mit „unten" ist die diesseitige, mit „oben" die jenseitige Wirklichkeit gemeint. Auch das Zeugnis Johannes des Täufers über Jesus gilt bei dieser Wirklichkeitsverkürzung nicht mehr: „Der von oben her kommt, ist über alle. Wer von der Erde ist, der ist von der Erde und redet von der Erde. Der vom Himmel kommt, der ist über alle und zeugt, was er gesehen und gehört hat; und — sein Zeugnis nimmt niemand an. Wer es aber annimmt, der besiegelt's, daß Gott wahrhaftig ist" (Joh. 3, 31—33).

Tatsächlich, die moderne Theologie hat auch in diesem Fall wieder den reichen Quell Gottes und sein für uns maßgebendes Wort verlassen. Sie ist zu löcherigen Brunnen gegangen. Jetzt verstehen wir es besser, wenn Zahrnt in seinem bereits angeführten Artikel in bezug auf Jesus und Weihnachten ausdrücklich schreibt: „Nichts Übergeschichtliches, Übernatürliches oder gar Unnatürliches spielt hier hinein."

Als Pfarrer Paul D e i t e n b e c k aus Lüdenscheid und ich dies lasen, schickten wir beide einen Artikel als Postwurfsendung an sämtliche evangelischen Pfarrer in der Bundesrepublik und Westberlin. Wir schrieben im Anschluß an das obige Zitat u. a.: *„Wer solch einen Satz schreibt, stellt sich außerhalb der Botschaft des Neuen Testamentes und der Reformation. Er begeht eine C h r i s t u s - D e m o n t a g e erschreckenden Ausmaßes. Denn bei Jesus Christus das Übernatürliche leugnen heißt, ihn zu einem bloßen Menschen zu machen. Das führt zu ungeheuerlichen Konsequenzen."* Diese völlig bibelwidrigen Folgerungen aber hat er gezogen, mußte er ziehen; denn sein Ausgangspunkt im naturwissenschaftlich geprägten Weltbild der Neuzeit zwingt ihn dazu: „Es gibt für uns nur noch e i n e Wirklichkeit." Eine Jungfrauengeburt, wie aber auch der Chor der Engel „Ehre sei Gott in der Höhe und Friede auf Erden" würden ja den Rahmen dieser nachweisbaren, sichtbaren, naturgesetzlich ablaufenden Weltwirklichkeit sprengen. Da dies aber um eines naturwissenschaftlichen Prinzips willen nicht sein darf, wird wieder einmal die Theologie zur Magd der Philosophie, Gott der Schöpfer zum Gefesselten seiner Schöpfung, der nicht in die Räder seines eigenen Werkes greifen darf. Nein, denn es gibt „nichts Übernatürliches". Wir merken, wie sich immer mehr das Verhältnis moderne Theologie und Bibel unerträglich zuspitzt.

4. Die Geschichtswissenschaft

Wenn wir an die vierte Wurzel der modernen Theologie denken und sie Geschichtswissenschaft nennen, dann kann das durch eine Vereinfachung sehr leicht mißverstanden werden. Gemeint ist nicht, daß wir wissen, 1492 wurde durch Kolumbus Amerika entdeckt, 1914 bis 1918 fand der Erste und 1939 bis 1945 der Zweite Weltkrieg statt. Sondern gemeint sind geistige Prinzipien der sogenannten

Geschichtlichkeit

Mit der Geschichtlichkeit ist das Wissen um das G e w o r d e n -
s e i n alles dessen gemeint, was uns im weiten Raum des Geschichtlichen, Kulturellen, auch des Religiösen und Geistigen umgibt. Diese an sich richtige Einsicht geht nun wieder ins Philosophische. Gemeint ist dann, daß „alles fließt". Ein bedeutender Theologe und Philosoph, der sich auch in der Ahnengalerie der modernen Theologen befindet, Ernst T r o e l t s c h (1865—1923), hat im Jahre 1896 den programmatischen Ausspruch getan: „M e i n e H e r r e n, e s w a c k e l t a l l e s !" Wenn „alles fließt", wenn „alles wackelt", ist dann nicht auch die Offenbarung in dieses geistige Erdbeben einbezogen? Gibt es dann noch etwas Festes und Bleibendes? Diese Fragen stehen hinter dem Wort „Alles ist Geschichte". Geschichtlichkeit meint die Vergänglichkeit, die Unbeständigkeit, meint „es wackelt alles". Zahrnt beruft sich eigens auf diesen Ausspruch von Ernst Troeltsch und schreibt: „Die Geschichte ist unser Schicksal geworden ... entweder ist etwas Geschichte, oder es ist überhaupt nicht — ein Drittes gibt es nicht."

Ist das auch die Meinung der Bibel? Nein! Denn sie sagt ausdrücklich: „Ehe denn die Berge wurden und die Erde und die Welt geschaffen wurden, bist du, Gott, von Ewigkeit zu Ewigkeit" (Ps. 90, 2). Sie sagt durch den Mund Jesu, den ewigen Gottessohn: „Himmel und Erde werden vergehen, aber meine Worte werden nicht vergehen." Mitten in der Vergänglichkeit gibt es also das Bleibende und mit ihm seine Offenbarung in seinem Wort. Aber nun, wo „alles wackelt", fällt darunter für die moderne Theologie auch der gesamte Bereich des Übernatürlichen im weiten Feld der Bibel. Denn auch die Bibel wurde nun in ihrem G e w o r d e n s e i n gesehen. Dieses ist an und für sich völlig richtig. Besonders seitdem der Professor für orientalische Sprachen, Hermann Samuel R e i m a r u s , ein Manuskript mit dem Titel: „Von dem Zweck Jesu und seiner Jünger"

hinterlassen hatte, das von Ephraim L e s s i n g 1778 zum Teil
herausgegeben wurde, weiß man um die geschichtliche Werdung
der Bibel. Nicht das ist schlimm. Aber hier erfolgte nun ein
scharfer Angriff auf die Bibel, z. B. auf die Auferstehungsberichte.

Was gilt als „historisch"?

Noch ein anderer wichtiger Faktor wirkte auf die moderne
Theologie ein. Der erwähnte Theologe Ernst T r o e l t s c h hat
d r e i   M e r k m a l e aufgestellt, die gegeben sein müssen,
wenn etwas den Anspruch auf Historizität erheben kann, d. h.
wenn es sich historisch wirklich ereignet haben soll.

1. Historisch wahr ist etwas, d. h. geschichtlich wirklich
passiert, wenn sich das Ereignis in den bekannten Gesetzen
von Ursache und Wirkung bewegt. D. h. es muß eine g e -
g e n s t ä n d l i c h e , e r k e n n b a r e U r s a c h e hinter dem Tatbestand stehen. Z. B. die Schlacht von Sedan
steht im ursächlichen Zusammenhang des deutsch-französi-
schen Krieges von 1870/71.

2. Historisch wahr ist etwas, wenn es n i c h t a b s o l u t
e i n m a l i g ist. Dies Prinzip des Historischen drückt sich
in den bekannten Sätzen aus: „Alles schon einmal dagewe-
sen. Es gibt nichts Neues unter der Sonne." Eine Sache muß
sich also so oder ähnlich wieder ereignen können. Ende Juli
1962 sah·ich während eines evangelistischen Dienstes in der
Schweiz an der Eiger-Nordwand zwei Bergsteiger. Bergsteiger hat es schon früher gegeben, und kann es auch 1982
ebenso geben und nicht nur an der Eiger-Nordwand, sondern auch im Himalaja-Hochgebirge.

3. Historisch wahr ist etwas, wenn es o h n e Z u h i l f e -
n a h m e e i n e s W u n d e r g o t t e s s i c h i m I n -
n e r w e l t l i c h e n (= in der Immanenz) ereignet und
sie nicht überschreitet. Beispiel: Einer der beiden Bergsteiger
— es waren zwei Engländer — stürzte einen Tag später
tödlich ab. Wäre er nun beim Abstürzen auf einmal sanft
auf den 3975 Meter hohen Gipfel wie mit Engelsflügeln ge-
schwebt, dann hätte damit ein Götterarm oder dergleichen
aus den Wolken langen müssen und die Gesetze der Innerweltlichkeit würden aufgehoben gewesen sein. Das aber
kann und darf nicht sein.

Alle diese drei Merkmale müssen vorliegen, wenn etwas vor
den Gerichtsschranken der Historie bestehen und anerkannt werden will.

Und was nicht davor besteht?

Das muß als m y t h o l o g i s c h = als sagenhaft und unwissenschaftlich abgetan werden. Eine Wandlung des Wassers in Wein, wie bei der Hochzeit zu Kana, eine Stillung des Sturmes auf dem Meer, wie durch Jesus, oder gar die Auferstehung Jesu in verklärter Leiblichkeit sind darum nach Meinung der modernen Theologie unhistorisch und unwirklich.

Wieder erkennen wir, wie moderne Theologie und Bibel aus völlig verschiedenem Holz geschnitzt sind. B i b l i s c h e s und solch ein geschichtsphilosophisches Denken bilden radikale Gegensätze. Daran gibt es im Interesse der Klarheit nichts abzumarkten. Jeder Harmonisierungsversuch wäre eine faule Sache und naiv.

Hinzu kommt noch etwas anderes:

Die vergleichende Religionswissenschaft

Mit der wachsenden Erschließung anderer Erdteile weitet sich auch der Blick für die Mannigfaltigkeit des religiösen Erlebens. Schon lange vor Beginn der modernen Theologie erkennt man verschiedene Stufen der Religionen:

Die N a t u r r e l i g i o n : Sie verehrt ihre Götter in Naturgewalten und -ereignissen.

Die G e s e t z e s r e l i g i o n : Hier wird von den Menschen Gehorsam gegenüber den Geboten eines Gottes verlangt.

Die E r l ö s u n g s r e l i g i o n : Diese Religion erwächst aus dem Gefühl der Schuld und der Sündhaftigkeit des Menschen oder aus der Überzeugung von der Leidhaftigkeit alles Daseins. Aus diesem Leid gilt es sich durch Weltabgewandtheit zu erlösen. Dies Letztere lehrt z. B. der Buddhismus.

Die O f f e n b a r u n g s r e l i g i o n : Bei ihr nehmen ihre Verehrer an, der Inhalt ihrer Religion sei ihnen auf eine übernatürliche Weise durch Götter oder Göttersöhne offenbart worden.

Bei all diesen Religionen sind die Wundergläubigkeit und das Eingreifen auf eine übernatürliche Weise ein charakteristisches Wesensmerkmal. So sind z. B. Berichte zu beobachten wie Epiphanien (= Göttererscheinungen, Gottheiten werden Menschen), Totenerweckungen ereignen sich und andere Wunder. So begegnet einem auf dieser Reise in andere Religionen z. B. das Verwandlungswunder von Wasser in Wein.

Durch all diese nicht zu bestreitenden Tatsachen wird nun die vermeintliche Einmaligkeit der biblischen Botschaft relativiert. Es verwundert uns nicht, daß bei dieser vergleichenden religionsgeschichtlichen Betrachtung die biblische Botschaft als Offenbarungsreligion nur als eine unter anderen religiösen Erscheinungsformen angesehen wird.

Die S c h l u ß f o l g e r u n g e n liegen somit auf der Hand:

Die Bibel ist ein Buch wie andere religiöse Bücher. Auch andere Religionen haben sogenannte „heilige Schriften". Die Wunder der Bibel sind aus einem doppelten Grund nicht anzuerkennen:

1. Aus einem historischen Grund. Sie halten den bereits erwähnten drei Bedingungen dessen, was als historisch wahr anzuerkennen ist, nicht stand, und

2. Aus dem religionsvergleichenden Grund. Die Wunderberichte sind von anderen Religionen entlehnt oder mit ihnen vermengt. Wie dem auch sei, sie erwachsen jedenfalls auf dem weiten Feld der Mythologie, der Göttersagen.

II. Teil

Der Angriff auf die Bibel durch die moderne Theologie

Durch die Verquickung der modernen Theologie mit dem Geist autonomer Philosophie ist nun eine wesenstiefe Trennung zwischen solch einer Theologie und der Bibel entstanden. So beginnt nun, angetan mit der Waffenrüstung dieser verhängnisvollen Verbrüderung, der Angriff auf die Bibel.

Dieser massive Vorstoß wird zugleich vorgetragen durch:

Die Enthistorisierung der Bibel

Was ist darunter zu verstehen? In diesem Fachausdruck steckt das uns allen bekannte Wort H i s t o r i e. Im alltäglichen Sprachgebrauch ist für uns Historie und Geschichte ein- und dasselbe. Anders bei der modernen Theologie. Machen wir uns das an einem Beispiel klar.

Der Krieg der amerikanischen Nordstaaten gegen die Südstaaten, ebenso wie der deutsch-französische Krieg 1870/71, sind historische Ereignisse. Nun sagt der Vertreter moderner Theologie, Prof. Ernst K ä s e m a n n : *„Historie ist erstarrte Geschichte . . .“* Auf unser Beispiel angewandt würde das heißen: Je mehr Jahre ins Land ziehen, um so weiter liegen diese Kriege zurück. Als historische Ereignisse erstarren sie. Entscheidend ist ihre „Bedeutsamkeit“, entscheidend ist, daß sie uns gelehrt haben, Einigkeit macht stark. Daß diese Erkenntnis lebt und sich im politisch-völkischen Raum als Kraft erweist, das ist entscheidend. Das ist Geschichte. Historie ist also das Erstarrte. Geschichte das Lebendige.

In bezug auf die Bibel geht die moderne Theologie aber noch einen Schritt weiter. Jetzt kann uns ein Satz von Käsemann wieder helfen. Er schreibt: „Die Bedeutsamkeit dieses Jesus für den Glauben ist so stark gewesen, daß sie schon in ältester Zeit seine Historie fast aufgesogen hat.“ Dieser Satz drückt die Meinung aus, daß das eigentlich Historische im Leben Jesu von der Urgemeinde so aufgesogen wurde wie Wasser von einer Blume, die nun dadurch tüchtig Blüten treibt. *Die Urgemeinde hat Jesus mit Legenden umrankt. Sie hat ihm viel angedichtet. Bei Heldenverehrungen ist es ja auch der Fall. Geschichtsbücher oder*

*Biographien geben dafür genügend Beispiele. So sei es mit Jesus
auch gewesen. Darum müsse die Bibel, müßten besonders die
Evangelien „e n t h i s t o r i s i e r t“ werden. Hinter der Forderung nach Enthistorisierung steht also die Meinung, die biblischen Berichte, besonders in den Evangelien, seien nicht am eigentlichen Ereignis, am Geschehen dessen, was sie bezeugen, interessiert.* Die Berichte des Neuen Testamentes müßten deshalb
— man gestatte mir diesen Vergleichsausdruck — von ihren
Heldenverehrungen und unhistorischen Verherrlichungszutaten
befreit werden. Es komme nicht auf ihre historische Tatsächlichkeit, sondern auf ihre „Bedeutsamkeit“ an.

In diesen Dienst der Enthistorisierung wird nun u. a. hinein-
gestellt:

Die „historisch-kritische Forschung“

Ein Teil dieser historisch-kritischen Forschung ist auch die sogenannte „formgeschichtliche Schule“.

Was ist mit diesen beiden theologischen Fachausdrücken gemeint?

Wir alle haben die Bibel als Altes und Neues Testament vor
uns. Die Bibel ist nun aber keineswegs als ein fertiges Buch vom
Himmel gefallen, wie das vom mohammedanischen Koran behauptet wird. Vielmehr hat sie eine lange Geschichte des Gewor-
denseins. Rund 1500 Jahre haben an ihr gearbeitet, bis der Wer-
deprozeß endgültig abgeschlossen war. Sie hat einige Dutzend
Verfasser. Aus den verschiedensten Ständen und Berufen kommen sie. Da ist ein einfacher Hirte wie Amos, ein sieggekrön-
ter König wie David, ein Staatsmann wie Daniel, ein großer
Gelehrter wie Paulus und ein einfacher Fischer wie Petrus. Da ist
Matthäus, der Zöllner, Lukas, der Arzt, Hesekiel, der Priester
etc. Über 60 Einzelbücher hat die Bibel. U n d d o c h a t m e n
s i e a l l e e i n - u n d d e n s e l b e n G e i s t.

Wer nun Theologie studiert, muß sich mit all diesen Fragen der
B i b e l e n t s t e h u n g gründlich beschäftigen. Im wesentlichen stehen folgende Fragen im Raum:

Wer ist der Verfasser des einzelnen Buches?

Wann ist es geschrieben, wo, unter welchen Umständen,
mit welcher Absicht?

Ist ein Buch aus einem Guß oder ist es aus vielen kleinen
Stücken zusammengesetzt?

Liegen der schriftlichen Fixierung mündliche Überlieferungen vor und welche?

Können wir etwas wissen über die Entstehung der Einzelstücke (= Perikopen) und wie entwickelte sich ihre Zusammenfügung?

Wo hat der einzelne Schriftabschnitt seinen „Sitz im Leben"?

Was ergibt sich, wenn wir die einzelnen Texte und Berichte miteinander vergleichen?

Liegen auch außerbiblische Einflüsse im Alten und Neuen Testament vor, und wenn ja, welche?

Alles dies sind Fragen, die jeden Theologen mit Recht bewegen. Es sind Fragen, die sich mit der V o r g e s c h i c h t e , den sogenannten „Einleitungsfragen" des Alten und Neuen Testamentes beschäftigen. In der heutigen neutestamentlichen Forschung spielt die Vorgeschichte eine sehr, ja, eine viel zu große Rolle.

Rund um 150 nach Christo stand im wesentlichen das Neue Testament in seiner heutigen Gestalt mit 27 Büchern fest. Diese 27 Bücher galten als „Regel und Richtschnur" des Glaubens und der Lehre. Man nennt dies: sie bildeten den „Kanon".

Was aber geschah v o r dieser „Kanonbildung"? Was ereignete sich in bezug auf die allmähliche Bildung des Neuen Testamentes von den Erdentagen Jesu bis rund 150 nach Christus? Um all diese Fragen mühen sich außer der traditionellen sogenannten „Einleitungswissenschaft" zum Alten und Neuen Testament auch mit besonderer Hingebung die eingangs erwähnte „historisch-kritische Forschung" und die „formgeschichtliche Schule".

Wie arbeitet die historisch-kritische Forschung?

Im wesentlichen betreibt man dreierlei:

1. Textkritik
2. Literarkritik
3. Formkritik

Was heißt das im einzelnen?

Wenn man das Neue Testament in seiner griechischen Ursprache zur Hand nimmt, dann sieht man auf jeder Seite unterhalb des Textes einen besonderen Abschnitt. Es ist der sogenannte „textkritische Apparat". Man muß sich in Erinnerung halten, daß wir die einzelnen Bücher ja nicht im Original, sondern nur in Abschriften vor uns haben. Obwohl die Abschriften sorgfältig vorgenommen wurden, haben sich doch viele Abschreibfehler eingeschlichen. Sie sind allerdings durchweg unerheblich. Der textkritische Apparat enthält nun eine Zusammenstellung dieser jeweiligen Abweichungen, wie sie in den sogenannten „Handschriften", also in den Abschriften vorkommen. Man kann die einzelnen Textüberlieferungen miteinander vergleichen. Das ist nun die Arbeit der sogenannten T e x t k r i t i k. Sie versucht, den bestbezeugten Text zu ermitteln. Auf diesem Gebiet besteht unter den Theologen Einigkeit.

Bei der L i t e r a r k r i t i k schaut man sich nicht nur die Bibel, sondern auch außerbiblische Bücher an. Nun werden, wie vorher die einzelnen Texte, die verschiedenen Literaturgattungen miteinander verglichen. Hier sind Gleichnisse, dort Lehrgedichte, an anderer Stelle Erzählungen und wieder an anderer kultische Vorschriften und Gesetze. Ein bekanntes Beispiel:

Große Aufregung gab es seinerzeit um 1900, als man unter der babylonischen „Literatur" so etwas Ähnliches wie die 10 Gebote entdeckte. Es war der sogenannte Codex Hammurabi. Also stammen — so schloß man — die 10 Gebote nicht von Mose und vom Berg Sinai. Inzwischen ist es darum ganz ruhig geworden. Denn warum sollte Gott nicht auch ein Sittengesetz in das Herz der Babylonier gegeben haben?

Nicht ruhig ist man aber in bezug auf das Neue Testament. Wenigstens heute noch nicht. Begegnet man hier irgendeiner Verwandtschaft, so wird — wieder und sehr rasch — geschlossen: also stammt das nicht von Jesus. Die moderne Theologie behauptet:

Nur das ist echt von Jesus, was keine judaistische oder sonstige religionsgeschichtliche Parallele besitzt.

Um alles in der Welt: wo steht das denn geschrieben?

Die F o r m k r i t i k ist mit der Literarkritik verwandt. Auch hier werden wieder einzelne Literaturgattungen untersucht, nun besonders auf ihre Stilform. Ist die jeweilige Texteinheit kurz, gedrungen oder malt sie aus, verwendet sie die gleichen Begriffe oder kommen neue in ihr vor?
Berechtigte Fragen!

Keine Geheimwissenschaft

Wir müssen uns nun über zwei Tatsachen klar werden:

1. Es gibt keinen ernst zu nehmenden Theologen, der das Recht der Text-, Literar- und Formerforschung bestreiten würde. Damit wird auch das Forschen der historisch-kritischen und formgeschichtlichen Schule grundsätzlich bejaht.

2. Es gilt aber, sich ebenso darüber klar zu werden, daß den Vertretern der modernen Theologie keine Extrageheimfächer für ihre Forschung zur Verfügung stehen. Oft meint man ja, über ihre „Forschungsergebnisse" staunen zu müssen. Man fragt sich immer wieder: Woher „wissen" sie das bloß alles? Aber mit dem „Wissen" ist das schon so eine Sache. Weil den modernen Theologen keine anderen Erkenntnisquellen zur Verfügung stehen als allen anderen Menschen auch, und weil die Gaben des Verstandes ja nicht dem modernen Theologen allein gegeben wurden, sollte es uns schon zu denken geben, warum denn die anderen nicht zu derselben Erkenntnis kommen wie die Vertreter der modernen Theologie.

Z. B. verstand Prof. S c h n i e w i n d aus Halle wahrhaftig nicht weniger von der historisch-kritischen Forschung als ein Bultmann und seine Schüler. Aber er kommt zu völlig entgegengesetzten Resultaten. Also scheinen die Wissenschaftlichkeit der modernen Theologie und ihre „Ergebnisse" doch wohl nicht ganz unproblematisch zu sein.

Wie wenig der modernen Theologie „Geheimquellen" für ihr Arbeiten z. B. über Jesus zur Verfügung stehen, muß Prof. Käsemann zugeben, wenn er schreibt:

„Der historische Jesus begegnet uns im Neuen Testament, der e i n z i g e n wirklichen Urkunde über ihn . . ."

Bezeichnenderweise führt er aber diesen Satz mit den Worten weiter: „ . . . eben nicht, wie er an und für sich gewesen ist, sondern als der Herr der an ihn glaubenden Gemeinde."

Woher weiß er das? Wir fragen: Woher weiß er, daß uns im Neuen Testament Jesus nicht begegnet, „wie er an und für sich gewesen ist"? Sind die anderen so töricht, das nicht auch zu erkennen, wenn es sich in Wirklichkeit so verhielte? Darum handelt es sich nur um eine Behauptung. Eine Behauptung ist aber noch lange kein Beweis.

Halten wir fest: Auch die historisch-kritische Methode arbeitet nach den üblichen Arbeitsweisen wie: Lesen der Heiligen Schrift in der Ursprache, Wort-, Vers- und Kontextauslegung, d. h. Berücksichtigung des Zusammenhangs. Wir müssen mit Nachdruck betonen: Auch dort kann man nur mit Wasser kochen.

Das dreifache Nein zur historisch-kritischen Forschung in der Praxis der modernen Theologie

Wohlgemerkt: es handelt sich um kein grundsätzliches, sondern um ein bedingtes Nein zur historisch-kritischen Forschung und zwar, wie sie im Rahmen der modernen Theologie betrieben wird. Dies Nein erwächst im wesentlichen aus drei Gründen:

1. Es gibt manche erfreuliche Übereinstimmung zum Fragenkreis der Vorgeschichte. Z. B.: es besteht Einmütigkeit darin, daß Paulus der wirkliche Verfasser der Briefe an die Römer, Korinther, Galater und Philipper ist. Aber:

Die historisch-kritische Forschung verläßt dann den soliden Boden ernst zu nehmender Wissenschaftlichkeit und Bibelforschung, wenn sie das, was keine allgemeine Anerkennung in bezug auf die Vorgeschichte des Neuen Testamentes findet, unter der Hand mit dem Purpur „wissenschaftlicher Ergebnisse" schmückt. Sie macht aus bloßen Vermutungen sehr schnell Gewißheiten.

Dazu haben die Vertreter der modernen Theologie aber sehr wenig Grund. Dies um so weniger, als sie bei Licht besehen in vielen Punkten noch nicht einmal unter sich selber einig sind. Wie wenig Grund wir darum haben, die zwar berechtigte Arbeit der historischen Forschung und der formgeschichtlichen Schule zu überschätzen, dafür ein schlagendes Beispiel:

Da sind die beiden Theologen Prof. Martin D i b e l i u s (nicht zu verwechseln mit Bischof Otto Dibelius) und Prof. Rudolf B u l t m a n n. Beide sind Hauptvertreter der formgeschichtlichen Schule, also einer Methode, durch die man erforschen möchte, bei welcher Gelegenheit und wie wohl einzelne Aussprüche und Erzählungen des Neuen Testamentes entstanden sein könnten. Da hat Martin Dibelius nun nach mühevollem Forschen achtzehn Beispielerzählungen der drei ersten Evangelien zusammengetragen, die ihm historisch am besten gesichert erscheinen, die also „echt" sind. Von diesen aber lehnt Bultmann nicht weniger als 15 ab. Der geschichtliche Rahmen dieser Aussprüche Jesu wäre meist erfunden, sagt Bultmann. Dibelius meint ferner, die hellenistischen Gemeinden in der griechischen Geisteswelt seien die Hortungsstätten dieser achtzehn Beispielerzählungen. Bultmann widerspricht nicht nur der Zahl, sondern auch dieser geographischen Fixierung. Er stellt nun seinerseits andre kleine Einheiten der ersten drei Evangelien zusammen und sagt, daß sie da und dort ihren „Sitz im Leben" hätten und bei dieser und jener Gelegenheit entstanden seien. Prompt wird dem durch Dibelius widersprochen. Ein Dritter kommt hinzu und widerspricht sowohl dem Ersten als dem Zweiten. So geht der „Streit" schier ins Uferlose weiter.

Nun könnte uns dieser „Streit" allerdings unberührt lassen, wenn nicht dadurch das Neue Testament in tausend Teilchen zerstückelt würde und wenn nicht viele dieser Texte als „unecht" bezeichnet würden. So nehmen die vielen Vertreter der modernen Theologie drei verschiedene Textsorten bei den Evangelien an:

1. solche, die als historisch g e s i c h e r t angesehen werden können,

2. solche, die u n e c h t sind,

3. solche, die zwischen beiden stehen, also in ihrer historischen Echtheit f r a g w ü r d i g sind.
   Diese dritte Textsorte sei vielleicht die größte.

Das völlig Unbefriedigende besteht nun aber darin, daß sie sich untereinander keineswegs einig sind, was denn nun als echt, unecht oder fragwürdig auszumachen sei. Der „Streit" Dibelius — Bultmann zeigte dies eindeutig.

Weil wir Deutschen einen merkwürdigen Hang haben, jeweilige Moderichtungen auch auf theologischem Gebiet als den letzten Schrei der Wissenschaft zu verehren, ja, zu glorifizieren, sei zur Ernüchterung an die Amerikaner erinnert. Ein deutscher Theologe gibt die Meinung der Amerikaner wie folgt wieder: *„Die Formgeschichtler sind — von drüben gesehen — eine kleine, etwas komische Sekte mit Mangel an common sense"* (= gesundem Menschenverstand). Sie sehen in der Formgeschichte eine *„typisch deutsche Übertreibung".*

Weil Beispiele mehr verdeutlichen als lange Abhandlungen, sei folgendes erwähnt.

In Matthäus 13, 44 steht ein ganz kurzes Gleichnis. Es umfaßt nur diesen einen Vers. Er lautet:

„Abermals ist gleich das Himmelreich einem verborgenen Schatz im Acker, welchen ein Mensch fand und verbarg ihn und ging hin vor Freude über denselben und verkaufte alles, was er hatte und kaufte den Acker."

Ist dies Gleichnis nun echt? Hat Jesus es wirklich gesprochen? Ja, sagen die einen; denn es ist kurz, gedrungen, ohne Verzierungen und Ausschmückungen. Darin liegt der Echtheitserweis.

Die anderen aber sagen: Nein! Gerade weil es so gedrungen, kurz und ohne Ausschmückungen ist, ist es unecht. Denn der Orientale liebt die poetische Breite und liebevolle Verzierung.

Und solche Gesichtspunkte sollen für uns Grund sein, entweder uns für die Echtheit oder Unechtheit, für seine Historizität oder Unhistorizität zu erklären? Wir bedanken uns auf das entschiedenste.

Außerdem wird — ganz von der Echtheitsfrage abgesehen — über dieser buntschillernden Mannigfaltigkeit die E i n h e i t d e r H e i l i g e n S c h r i f t aus dem Auge verloren. D i e - s e Z e r s t ü c k e l u n g s a r b e i t m u t e t e i n e n a n w i e e i n e n e u t e s t a m e n t l i c h e A t o m z e r t r ü m - m e r u n g . Wo bleibt da noch die Bezogenheit auf den einen Herrn, der ja die Mitte ist?

2. Der Widerspruch nicht gegen die historisch-kritische Forschung als solche, aber gegen eine sachwidrige Art innerhalb der modernen Theologie muß dann angemeldet werden, wenn man nicht mehr um die Tatsache weiß, daß hinter aller Knechtsgestalt der Bibel doch der Eine mit seinem H e i l i g e n G e i s t am Werke ist. *Wir können nur dann sachgemäß Theologie betreiben, wenn wir aus der Spannung zwischen zuchtvoller Forschung einerseits und ehrfurchtsvoller Beugung vor der Tatsache der Inspiration andererseits nicht herausfallen. Auf diese Tatsache, daß in der 1500 Jahre alten Werkstatt der Bibelwerdung nicht nur Knechte am Werk waren, sondern vor allem der Meister selber, wird bei der historisch-kritischen Forschung und formgeschichtlichen Schule so gut wie überhaupt nicht Bezug genommen.* Wir werden auf die Inspirations-Tatsache noch besonders eingehen.

3. Ist es reiner Zufall, daß man innerhalb der historisch-kritischen Forschung von dem Inspirationscharakter der Heiligen Schrift so gut wie nichts hört? Mitnichten! Gerade darum sagt die Kirche Jesu Christi ein entschiedenes Nein zur historisch-kritischen Forschung, weil sie sich zu eigen macht, was der Vertreter der modernen Theologie, Gerhard E b e l i n g , schreibt: „Bei der historisch-kritischen Methode handelt es sich nicht einfach um eine größtmögliche Verfeinerung der philologischen (= sprachlichen) Methode, sondern um eine von n e u e n D e n k v o r a u s s e t z u n g e n herkommende kritische Auseinandersetzung mit der Überlieferung." Diese „neuen Denkvoraussetzungen" kennen wir. Wir haben uns eingangs mit ihnen befaßt. Darum wissen wir, was Prof. Ebeling meint, wenn er fortfährt: „Historisch-kritische Methode ist erst hervorgewachsen aus dem geistesgeschichtlichen Umbruch der Neuzeit. Sie ist nicht nur dort, wo sie etwa ihre legitimen Grenzen

überschreitet, sondern w e s e n h a f t verbunden mit S a c h -
k r i t i k." Damit ist das entscheidende Stichwort gefallen.

Was haben wir darauf zu antworten? Bringen wir die Antwort
auf eine Formel:

> Historische Forschung — ja!
> Kritische Forschung — nein!

Worin besteht der Unterschied?

Historische Forschung befaßt sich mit den historischen Fragen
der jeweiligen Texte. Also: wann, wo, wie und unter welchen
Umständen sind sie entstanden? Hingegen geht die kritische Forschung von den „neuen Denkvoraussetzungen" an die Texte heran. D. h. wiederum: das Wunder, z. B. der Brotvermehrung,
kann und darf deshalb nicht stattgefunden haben, weil dies nicht
in das Schema der „neuen Denkvoraussetzungen" hineinpaßt.
Aus dem gleichen Grunde kann und darf auch deshalb das Wan-
deln Jesu auf dem See Genezareth nicht wirklich geschehen sein,
auch nicht Jesu Auferstehung in verklärter Leiblichkeit. Die
„neuen Denkvoraussetzungen" verbieten dies. Ebeling hat völlig
recht, wenn er schreibt, diese Art der historisch-kritischen Methode sei „wesenhaft verbunden mit Sachkritik".

Dazu müssen wir feststellen: w e i l   d i e   n e u e n   D e n k -
v o r a u s s e t z u n g e n   f a l s c h   u n d   u n w i s s e n -
s c h a f t l i c h   s i n d ,   w i e   w i r   h e u t e   m i t   B e -
s t i m m t h e i t   w i s s e n ,   i s t   a u c h   d i e   k r i t i s c h e
M e t h o d e   u n d   d i e   a u s   i h r   e r w a c h s e n e   S a c h -
k r i t i k   f a l s c h .   *Diese Art von historisch-kritischer Methode ist darum keine solide Forschung mehr, sondern sie erniedrigt
sich zum Steigbügelhalter einer bestimmten Weltanschauung.
Haargenau das liegt heute bei der modernen Theologie vor.*
S a c h k r i t i k   i s t   i m m e r   K r i t i k   a n   d e n   f a k t i -
s c h e n   S a c h a u s s a g e n   d e r   B i b e l   s e l b e r .   S i e
n i m m t   e i n e   m a t e r i a l e   V e r ä n d e r u n g   v o r .
S a c h k r i t i k   i s t   a l s o   B i b e l k r i t i k .   Z u r   B i b e l -
k r i t i k   s a g t   d i e   G e m e i n d e   J e s u   e i n   e n t s c h i e -
d e n e s   N e i n .   Nicht aus Starrköpfigkeit, sondern einfach um
der Sache willen, die hier vergewaltigt wird. Dieses Nein sagt
sie um so entschiedener, als Prof. E b e l i n g in unmißverständlicher Klarheit es mit ausdrücklichen Worten zugibt:

> „Sie (die historisch-kritische Methode) kann ... nicht ein-
> fach das Wirklichkeitsverständnis beiseite setzen, wie es der
> Geist der Neuzeit gewonnen hat. Sie ist darum eng ver-

koppelt mit dem Fortschritt der Wissenschaften und der Entwicklung der Philosophie."

Da haben wir es also aus berufenem Munde selber vernommen: Die moderne Theologie ist „eng verkoppelt" mit „der Entwicklung der Philosophie". Der Apostel Paulus warnt aber bereits vor rund 2000 Jahren: „Sehet zu, daß euch niemand beraube durch die Philosophie" (Kol. 2, 8). Er wußte warum. Weil der Geist der Philosophie a u t o n o m ist, d. h. vom Menschen her kommt und nicht von Christus. So schreibt es Paulus ausdrücklich. Wieviel mehr gilt dies für die Existenzphilosophie unserer Tage. Ich habe selber bei dem zweiten Hauptvertreter dieser Philosophie, Prof. Dr. Karl Jaspers, studiert.

Wir stellen fest:

> Die *historische* Forschung und formgeschichtliche Schule haben ihr Recht, wenn sie sich um eine Erhellung der Vorgeschichte des biblischen Wortes bemühen, die den inspirierten Besonderheitscharakter der Bibel berücksichtigt. Die *kritische* Forschung und formgeschichtliche Schule müssen durch die Gemeinde Jesu aber dann abgelehnt werden, wenn diese Forschung mit der Hypothek eines bibelfremden Geistes belastet wird. Das ist heute bei der modernen Theologie einwandfrei der Fall. Die Gemeinde Jesu läßt sich aber nicht das Gesetz des Handelns durch die moderne Theologie vorschreiben. Auch lehnt sie es ab, sich von ihr die Direktiven darüber erteilen zu lassen, was als wissenschaftlich zu gelten hat und was nicht. Die Kirche Jesu Christi nimmt die Maßstäbe ihres Denkens, Urteilens und Handelns einzig und allein von ihrem Herrn, „in welchem verborgen liegen alle Schätze der Weisheit und der Erkenntnis" (Kol. 2, 3).

Das Wort „historisch" im zweifachen Sinn

In dem heutigen, so heftig entbrannten Kampf um die Bibel kann man schier bis zum Überfluß immer wieder lesen und hören, daß das Neue Testament keinen historischen Bericht über Jesus gebe. Selbst ein Student der Theologie fühlt sich schon berufen, uns dies in der weitverbreiteten „Frankfurter Allgemeinen Zeitung" mitzuteilen. Er schreibt in der Nummer vom 28. April 1962 u. a.: „Es ist ein anerkanntes Ergebnis neutestamentlicher Forschung, daß die Evangelien nicht historische Berichte über das Leben Jesu sind oder sein wollen."

Hier haben wir wieder das heute von der modernen Theologie so furchtbar schnell gebrauchte und gerade darum gar nicht sauberer Wissenschaftlichkeit entsprechende Wort vom „anerkannten Ergebnis". Was ist denn anerkanntes Ergebnis?

Anerkannt ist, daß die Schreiber der neutestamentlichen Berichte mit innerster Beteiligung geschrieben haben, nicht aber in kühler, sachlicher Distanziertheit eines Historikers mit staatlichen Gehaltsbezügen. Anerkannt ist, daß sie zum Glauben an den rufen wollen, der ihnen ihr Herz abgewonnen hat. Gerade darum kommt es auf eine biographische Detaildarstellung mit genauesten Orts- und Zeitangaben nicht entscheidend an. Wenn gemeint ist, daß in diesem Sinne „die Evangelien nicht historische Berichte über das Leben Jesu sind oder sein wollen", dann handelt es sich wirklich um ein „anerkanntes Ergebnis".

Die Bibel will weder ein naturwissenschaftliches, noch ein historisches Lehrbuch sein im Sinne letzter Exaktheit. Mit diesem letzten Satz hat der modernistische Theologieprofessor Willi Marxsen, Neutestamentler an der westfälischen Universität in Münster, versucht, mir einen „Strick zu drehen". Aber zu unrecht. Denn er hat in seiner Antwort auf mein „Alarm"-Buch „Der Streit um die Bibel" nicht reell zitiert. Er hat nämlich die letzten vier Worte nicht gebracht: „. . . im Sinne letzter Exaktheit". Gerade sie waren aber entscheidend. Ich muß darum annehmen, daß er sie bewußt nicht zitiert hat. Denn nur so konnte er mir einen Widerspruch unterstellen: ich sagte einerseits selbst, die Bibel sei kein historisches Lehrbuch, es käme darum nicht auf das Historische an, aber andrerseits wolle ich den Glauben an Historisches binden, und das sei falsch.

Demgegenüber möchte ich betonen: wenn die Bibel kein historisches Lehrbuch „im Sinne letzter Exaktheit" ist und sein will, dann heißt dies aber noch lange nicht, daß die Bibel nicht trotzdem prall voller Historie ist. Genau darauf legt die Bibel aber großen Wert, und gerade im Blick auf den Glauben. Darum schreibt der Jünger Johannes als Augen- und Ohrenzeuge gleich zu Beginn seines Briefes: „Was von Anfang an war, was wir gehört, was wir mit unseren Augen gesehen und unsere Hände betastet haben, das verkündigen wir euch, *damit* auch ihr mit uns Gemeinschaft habt. Diese unsere Gemeinschaft ist mit dem Vater und seinem Sohn Jesus Christus" (1. Johannes 1, 1 u. 3). Theologisch ausgedrückt heißt das: *Geschichte und Glaube gehören zusammen. Gerade durch die Geschichte unterscheidet sich christlicher Glaube von heidnischer Religion, unterscheidet sich Evangelium von Mythologie. Ohne Faktum der Geschichte — kein Aktum des Glaubens.*

Dennoch gilt für Altes und Neues Testament, daß sie kein „historisches Lehrbuch im Sinne letzter Exaktheit" z. B. in bezug auf genaueste Chronologie sein wollen. Darum kann bei Johannes die Tempelreinigung am Anfang (Joh. 2) und bei den Synoptikern gegen Ende der öffentlichen Tätigkeit Jesu stehen (Matth. 21). Aber das ändert nichts daran, daß es sich bei der Tempelreinigung um ein historisches Ereignis handelt. W. Marxsen hat das Neue Testament gegen sich, wenn er meint, es könne etwas „historisch unecht", trotzdem aber „theologisch echt" sein. So wie Marxsen es versteht und praktiziert, müssen wir sagen: nein, das kann es nicht. Das wäre schizophren. Vielmehr ist es so, wie wir oben feststellen mußten: „Was wir gehört und gesehen haben, ... das verkündigen wir euch, *damit* ihr Gemeinschaft ... mit dem Vater und seinem Sohn Jesus Christus habt." Frage: Warum ist die Historie so wichtig? Weil sonst alles ins Wanken und Schwanken gerät: die Wundertätigkeit Jesu, seine Reden und besonders Jesu Werk und Auferstehung, Jesu Sein und Bedeutung selber. Darum dürfen und können wir W. Marxsen nicht folgen. Denn *wenn sich das, von dem die Bibel berichtet, nicht zugetragen hat, dann können wir sie zuschlagen.*

Der christusgläubige Gottesmann, Prof. Martin K ä h l e r , bezeichnet mit Recht die Heilige Schrift als „die Urkunde der kirchengründenden Predigt". Dieses Wort „Predigt" spielt heute eine große Rolle. Dagegen ist an und für sich nichts einzuwenden. Wenn man sich dabei aber auf Martin Kähler und das Neue Testament beruft, sollte man nicht vergessen, daß er hinzugefügt hat, es handele sich um eine Urkunde von „Augenzeugen", die also berichten. Denn gefährlich, ja falsch wird die Sache dann, wenn man sagt, das Neue Testament bzw. die Evangelien seien die „erste Predigtsammlung", der „erste Predigtband", und wenn man folgert: wie wir uns bei Predigten auch der Illustration und der Legende als einer dichterischen Erzählung bedienten, so sei es auch bei den Evangelien des Neuen Testamentes. Solche Predigtbeispiele seien z. B. die Wundererzählungen, aber auch die Auferstehungsberichte. „*Ostern ist eine Bildrede*", hieß es wörtlich in einer evangelischen Fernsehsendung. Dazu sagen wir entschieden nein. Im Blick auf das Neue Testament darf die Predigt nicht i m G e g e n s a t z z u m B e - r i c h t v e r s t a n d e n w e r d e n . P r e d i g t m e i n t d a s innere Beteiligtsein, das durch den Bericht zum Glauben an Jesus führen möchte. Dies ist der eine Sinn von „historisch" in bezug auf die Bibel. Also: wohl historisches Geschehen, aber nicht genaueste Detailbiographie.

Und nun der zweite Sinn:

Wenn aber gerade in bezug auf die Evangelisten ihr Rufen zum Glauben an Jesus so verstanden werden soll, daß darum grundsätzlich das „Historische" unwichtig würde, also kein Interesse am Ereignis vorläge, dann meldet die Gemeinde Jesu Christi allerschärfsten Protest an. Dann ist es nur noch ein einziger Schritt hin zu den Unechtheitserklärungen vieler Stellen der Heiligen Schrift durch die moderne Theologie. Dann ist der Enthistorisierung der Bibel Tor und Tür geöffnet.

Die Enthistorisierung stellt die eigentliche Absicht der Evangelisten direkt auf den Kopf. Denn gerade durch das historische Ereignis wollen sie ja zum Glauben an den rufen, durch den solche Ereignisse erst möglich wurden: Jesus Christus. Denn nochmals: ohne Faktum der Geschichte — kein Aktum des Glaubens.

Dieser Hang zur Enthistorisierung ist ein alarmierendes Krankheitssymptom der modernen Theologie. Im Bild gesprochen: er hat bereits ihr ganzes Blut vergiftet. Woher kommt dieser Hang? Die Untersuchung ihrer geistigen Wurzel hat uns dies gezeigt. Die Berichte aus dem Leben und Wirken Jesu bringen ja nicht nur seine Worte, sondern auch seine Taten. Da sie aber weithin aus „Zeichen und Wundern" bestehen, diese „Zeichen und Wunder" aber um bestimmter philosophischer Prinzipien willen einfach nicht sein dürfen, dürfen auch solche Berichte nicht etwas „Historisches" bezeugen. Darum sind sie als unecht zu erklären. Der Angriff auf die Bibel ist also eindeutig.

Wir stehen mithin vor der Frage: wem sollen wir nun unser Vertrauen schenken — der modernen Theologie oder der Bibel?

Lukas, der Verfasser des dritten Evangeliums und der Apostelgeschichte, war vom Jahre 49 ab ein treuer Begleiter und ständiger Mitarbeiter des Apostels Paulus. Als solcher kam er auch wiederholt nach Jerusalem. Dort ergab sich für ihn die Gelegenheit, mit vielen zu sprechen, die Jesus noch selber gehört und gesehen hatten. Es stand ihm also ein reiches Quellenmaterial zur Verfügung. Dieses alles hat er gründlich überprüft, bevor er sein Evangelium und die Apostelgeschichte schrieb. Ja, mit Nachdruck weist er gleich zu Anfang seines Evangeliums eigens darauf hin und schreibt:

> „Schon viele haben den Versuch gewagt, einen Bericht über die Tatsachen zusammenzustellen, die unter uns geschehen sind, so wie sie uns die ersten Augenzeugen überliefert haben, die von Anfang an dabei waren und dann dem Wort gehorsam wurden, das an sie erging. Ebenso habe auch ich mich entschlossen, allen diesen Begebenheiten bis zu ihren ersten Ausgangspunkten genau nachzuforschen und sie der Reihe nach für dich, verehrter Theophilus, aufzuschreiben. Auf diese Weise sollst du klar erkennen, wie wahr und zuverlässig das ist, worin man dich unterwiesen hat" (Luk. 1, 1—4). (Übers. nach H. Bruns.)

Nochmals: Wem wollen wir nun unser Vertrauen schenken? Dem Selbstzeugnis der Bibel oder der modernen Theologie? Auf dieses Entweder-Oder kommt es letztlich an — ob es uns paßt oder nicht.

Der Glaube darf historisch fragen

Es liegt uns sehr daran, festzustellen:

1. Der Glaube kennt durchaus die historische Frage. Er ist an dem „Was ist geschehen?" brennend interessiert. Der Evangelist Lukas gibt uns für diese Frage ein biblisches Zeugnis. Dadurch ist die moderne Theologie widerlegt, die fälschlich behauptet, an der „Was-Frage" sei das Neue Testament nicht interessiert, sondern lediglich an der „Daß-Frage". Dies will besagen: „daß" lediglich etwas durch Jesus „zur Sprache kam" (Gerh. Ebeling).

Diese Behauptung ist ein massiver Angriff auf die Bibel und stellt ihre eigentliche Absicht völlig auf den Kopf. Denn ihr geht es zentral um die Frage: „Was ist geschehen?" Wir Heutigen sind zu dieser geschichtswissenschaftlichen Rückfrage ebenso berechtigt wie andere Generationen vor uns.

2. Trotz der berechtigten historischen Rückwärtsfrage liegt es doch offen am Tage, daß die Vergewisserungsbemühungen durch die historisch-kritische Forschung, wie es nun im weiten Feld der Vorgeschichte tatsächlich ausgesehen haben mag, nur einen sehr relativen und mageren Wert haben. D. h. in diesem Zusammenhang:

Die biblischen Aussagen verdienen in bezug auf die historische Echtheit unser volles Vertrauen. Sie können durch keine bisherige Forschung und Methode erschüttert werden, auch nicht durch die historischkritische Forschung.

3. Die Unechtheitserklärungen vieler biblischer Texte durch die moderne Theologie gründen nicht in soliden historischen Forschungsergebnissen, sondern sie leiten sich u. a. aus ihrer bibelfremden autonomen Philosophie ab. Nochmals: Wunder haben einfach deshalb unecht zu sein, weil es laut Philosophie und Naturwissenschaft keine zu geben hat.

4. Wegen des bisherigen Fehlschlages der modernen Theologie, durch Zuhilfenahme der historisch-kritischen Forschung zu allgemein anerkannten echten Ergebnissen gekommen zu sein, möge sich die moderne Theologie sagen lassen, daß es zur wissenschaftlichen Sauberkeit gehört, statt schnellfertige Urteile zu fällen, erst einmal kritisch gegen sich selber zu sein.

Die moderne Auslegung der Bibel

Auf einer Landessynode hatte ein Professor der Theologie einen Vortrag gehalten. Es fiel das Stichwort „moderne Schriftauslegung". Um sie ging es bei dem Vortrag. Sie wurde empfohlen.

Mit diesem Stichwort ist ein Grundanliegen der modernen Theologie ausgesprochen, um das sich z. B. Heinz Zahrnt, Dorothee Sölle, Manfred Mezger u. a. in ihren Veröffentlichungen ständig mühen.

Wenn es eine moderne Schriftauslegung geben soll, dann muß es ja auch wohl eine unmoderne, alte, überholte Schriftauslegung geben. Dann hätten wir also zunächst einmal zu fragen: Worin besteht denn der Unterschied zwischen beiden?

Was die alte Schriftauslegung betrifft, so ist sie schnell erklärt. Hier ist ein Text. Nehmen wir einmal die bekannte Geschichte von der Stillung des Sturmes in Markus 4, 35—41. Diese Geschichte ist einwandfrei im Tatsachenstil geschrieben. Vers 35 ff.: „Und an demselben Tage des Abends sprach er (Jesus) zu ihnen (seinen Jüngern): Laßt uns hinüberfahren ... Und es erhob sich ein großer Windwirbel ... Und er stand auf und bedrohte den Wind ... Und der Wind legte sich ..." Das ist

Tatsachenstil. Die von den Anfängen der Kirche bis zum heutigen Tage biblisch orientierte Schriftauslegung macht mit diesem Tatsachenstil ernst. Das Anliegen des Evangelisten besteht darin, Jesus Christus als den Herrn zu bezeugen, der Macht hat, selbst dem Wind und den Wellen zu gebieten. Jesus ist also auch ein Herr der Natur.

Anders nun die moderne Schriftauslegung.

Sie stellt fest: Hier liegt rein äußerlich gesehen ein Naturwunder vor. Naturwunder gibt es aber nicht, weil dies — angeblich — dem modernen Wissenschaftsbegriff widerspricht. Nun gibt es zwei Möglichkeiten: Entweder reißen wir dies Blatt aus der Bibel heraus. Das tat die Vorgängerin der modernen Theologie — die liberale. Oder aber, wir lassen das Blatt zwar drin, aber wir legen diesen Text anders aus. Zu diesem letzteren hat sich die moderne Theologie entschlossen.

Die Auslegung (= Interpretation) sieht dann etwa so aus:

Dieser Text stellt kein Ereignis dar, sondern ist Mythologie (= Sage). Wie man in der Predigt und im Gespräch Bilder braucht, um etwas dadurch klarzumachen, so auch hier. Die „Bedeutsamkeit" dieses Textes muß also „zur Sprache kommen".

Sie besteht darin:

Wir alle können in Stürme des Lebens hineingeraten. Dann kommt es darauf an, daß wir das Vertrauen nicht verlieren.

Zu wem?

Nicht zu Jesus, sondern wie Jesus, der uns als der wahre Mensch das Beispiel des Vertrauens in dieser neutestamentlichen „Predigt" gegeben hat: „Und Jesus sprach zu seinen Jüngern: Wie seid ihr so furchtsam?" Vertrauen also zu wem? Zu meiner „Existenz", zu dem „Kern" in mir. Jetzt kommt es darauf an, daß ich durch die Stürme des Lebens zu einem echten „Selbstverständnis" gelange, daß ich mich „entscheide".

Die moderne Theologie befragt also den Text nach seiner „Bedeutsamkeit". Uns ist dieser Ausdruck schon einmal begegnet. Glaubt man sie gefunden zu haben, so wird von dorther der Text ausgelegt. So entsteht ein Auslegungszirkel.

Zur modernen Auslegung der Bibel gehört auch das Auseinanderreißen von Wahrheit und Wirklichkeit. Was ist damit gemeint?

Ein Märchen enthält Wahrheiten, aber keine Wirklichkeiten. Nun ist da im Neuen Testament zum Beispiel die Erzählung vom Fisch mit dem Stater, dem Geldstück in seinem Maul. Jesus sagt voraus, seine Jünger würden diesen Fisch fangen. Diese Geschichte ist für die moderne Auslegung keine Wirklichkeit, d. h. sie hat sich also nicht ereignet. Sie will nur eine Wahrheit verdeutlichen wie ein Märchen. Jesus ging es um die Wahrheit der Tempelsteuer. Weil der Orientale die Illustration liebe, habe er diese Wahrheit in das Bild eines Wunders gekleidet.

Die moderne Auslegung reißt also Wirklichkeit und Wahrheit auseinander. Damit wird die Bibel wieder einmal angegriffen, mehr noch: Jesus Christus selber. Denn die Bibel sieht im Leben Jesu Christi Wahrheit und Wirklichkeit unbedingt zusammengehörig. Gerade darin besteht ja der Unterschied zu Fabeln und Märchen.

Beim Geldstück geht es nicht nur um die Wahrheit der Tempelsteuer, sondern um eine Vollmachtserweisung Jesu. Er weiß im voraus, was sich ereignen wird. Dafür haben wir wiederholte Zeugnisse. Z. B. Markus 14, 13 sagt Jesus zu zwei seiner Jünger: „Gehet hin in die Stadt, und es wird euch ein Mensch begegnen, der trägt einen Krug mit Wasser." Oder Matthäus 21, 2: „Gehet hin in den Flecken, der vor euch liegt, und alsbald werdet ihr eine Eselin finden angebunden und ein Füllen bei ihr." Der Frau am Jakobsbrunnen hellt er ihre Vergangenheit auf: „Fünf Männer hast du gehabt..." (Joh. 4, 18). Die ganze Passionsgeschichte ist von dem Vorherwissen durchdrungen.

I m m e r   w i e d e r   g e h t   e s   d e r   B i b e l   u m   H o -
h e i t s -   u n d   V o l l m a c h t s e r w e i s u n g e n   J e s u.
G e r a d e   d a r u m   g e h ö r e n   W a h r h e i t   u n d   W i r k -
l i c h k e i t   z u s a m m e n. *Die moderne Auslegung aber reißt beides auseinander, ohne auch nur mit einem einzigen Wort beweisen zu können, daß diese erwähnten Tatsachen keine Geschichtswirklichkeiten, keine historischen Ereignisse darstellen. Aber wir wissen ja Bescheid: um eines bestimmten Prinzips willen kann nicht sein, was einfach nicht sein darf.*

Die moderne Verkündigung

Nachdem wir uns mit dem Begriff „Enthistorisierung" vertraut gemacht haben, müssen wir uns jetzt mit einem anderen Fachausdruck der modernen Theologie bekannt machen. Er ist nämlich ein Schlüsselbegriff. Dieses Fremdwort heißt „ K e r y g -

m a ". Vielleicht ist es die sachgerechteste Übersetzung, wenn wir es mit „Verkündigung" verdeutschen. Die Verkündigung ist der modernen Theologie so wichtig, daß sie sich selber oft „K e r y g m a - T h e o l o g i e" nennt. Die Verkündigung ist ein Uranliegen der Bibel. Dies hat die moderne Theologie richtig erkannt und will es in ihrer Selbstbezeichnung zum Ausdruck bringen.

Über diese Tatsache würden wir uns nun von Herzen freuen, wenn der Verkündigungsbegriff in der heutigen modernen Theologie nicht eine tiefgreifende Wandlung erfahren hätte. Wir haben uns also zu fragen:

Worin besteht der Unterschied zwischen dem Kerygma = der Verkündigung des Neuen Testamentes und der Kirche Jesu Christi einerseits und der modernen Theologie andrerseits?

In der Apostelgeschichte 2 wird uns vom Pfingstereignis berichtet. Die Jünger empfangen den Heiligen Geist. Daraufhin werden sie sofort zu mutigen Zeugen. Sie predigen. Die aus aller Herren Länder versammelten Menschen hören sie. Und was verkündigten die Jünger? Die Menge bezeugt es uns: „Wir hören sie mit unseren Zungen die großen T a t e n G o t t e s reden." Taten sind Fakten. Ihr Kerygma = ihre Verkündigung besteht also in einem Bericht über Tatsachen. Immer wieder haben wir es im Neuen Testament mit diesem Kerygma als Nachricht von Fakten zu tun. So sagt Paulus z. B.: „Einen anderen Grund kann niemand legen außer dem, der g e l e g t i s t, welcher ist Jesus Christus." Wir sehen: Die Verkündigung ist also grundsätzlich ein Wort von geschehenen Ereignissen. D a s K e r y g m a h a t a l s o i m N e u e n T e s t a m e n t B o t s c h a f t s - c h a r a k t e r. E s b r i n g t N a c h r i c h t e n v o n g e - s c h e h e n e n T a t e n d e s s i c h o f f e n b a r e n d e n G o t t e s. Wir können es auch folgendermaßen ausdrücken: das Neue Testament enthält einen *verkündigenden Geschichtsbericht.* Diese zwei Worte besagen beides: einerseits handelt es sich zwar um Verkündigung, um Predigt, aber anderseits um eine Verkündigung, die auf historische Ereignisse gründet und sie weitergibt.

Und was geschieht nun in der modernen Theologie mit dem Kerygma, dem Verkündigungsbegriff? Er erfährt einen völligen Bedeutungswandel. Er wird seines eigentlichen Inhalts beraubt. A u s N a c h r i c h t v o n H e i l s t a t s a c h e n, wie Weihnachten, Karfreitag und Ostern, w i r d d i e V e r k ü n d i -

gung zu einem Angebot eines neuen „Selbstverständnisses". Leider wird diese Sinnverkehrung von vielen nicht durchschaut.

Sie ist aber grundlegend. Darum wollen wir uns dies klarmachen.

Hängt für meinen Glauben und für mein ganzes Leben, für Zeit und Ewigkeit alles daran, daß Jesus Christus für mich in diese Welt gekommen ist, am Kreuze für meine Sünden mit seinem Blut und Leben starb und für mich zu Ostern leiblich auferstand, um mir das ewige Leben schenken zu können, so müssen wir nun aus dem Munde von Prof. B u l t m a n n hören:

„Der Christus kata sarka (nach dem Fleisch) geht uns nichts an."

Ja, er sagt den zentnerschweren Satz: „Der christliche Osterglaube ist an der historischen Frage nicht interessiert."

Und ob er daran interessiert ist! Denn an dieser historischen Tatsache hängt doch alles. Paulus sagt darum „Ist Christus aber nicht auferstanden, so ist euer Glaube eitel, so seid ihr noch in eueren Sünden ... Hoffen wir allein in diesem Leben auf Christus, so sind wir die elendesten unter allen Menschen. Nun aber ist Christus auferstanden von den Toten ..." (1. Kor. 15, 17 u. 19—20). Karfreitag und Ostern sind doch gerade die „großen Taten Gottes", von denen die Verkündigung der Apostel randvoll gefüllt war. Und an dieser historischen Frage sollte der Osterglaube nicht interessiert sein? Wenn er nicht daran interessiert ist, dann muß das allerdings ein anderes Kerygma ergeben, als wenn dies davon durchblutet ist. Denn nur, weil Jesus lebt, kann ich zu ihm beten, gibt es die persönliche Beziehung zu ihm. Was aber schreibt Bultmann? In einem Brief an Prof. Julius Schniewind, einen Theologen, der um Jesus Christus als seinen persönlichen Herrn und Heiland wußte, schreibt Bultmann den aufschlußreichen Bekenntnissatz:

„Ich muß gestehen, und vielleicht zeigt das unsere Differenz am deutlichsten, daß ich die Rede von der personalen Beziehung zu Christus auch für mythologisch halte."

Da haben wir es in letzter Deutlichkeit. Die persönliche Beziehung soll mythologisch, schemenhaft, sagenhaft, unwirklich sein, wo sie doch Herzstück des Glaubens ist. Und das sollte sich nicht auf die Verkündigung auswirken? Ja, das sollte nicht eine völlig andere Verkündigung ergeben, wie sie das Neue Testament hat? Wo bleibt da noch die Verkündigung als Nachricht von Heilstatsachen, von Ereignissen, von sichtbaren, historischen Geschehnissen? Wer hier noch zwischen Bultmann und dem Neuen Testament harmonisieren will, der läßt sich von anderen Gesichtspunkten leiten, aber nicht von dem der Objektivität und Sachkenntnis. Ja, der hat Bultmann selber gegen sich. Denn er sagt über das Kerygma:

„Der vom Kerygma geforderte Glaube ist jedoch die Offenheit für die neue Existenz." *Damit bestätigt es Bultmann selber: Es geht also im Kerygma um das existenzphilosophische Prinzip des bereits erwähnten „Selbstverständnisses", also darum, daß ich mich als Mensch richtig verstehe. In der Bibel aber geht es um das Ganzopfer meiner Hingabe an Jesus Christus. In Offenbarung 3, 20 lesen wir: „Siehe, ich stehe vor der Tür und klopfe an. So jemand meine Stimme hören wird und die Tür auftun, zu dem werde ich eingehen und das Abendmahl mit ihm halten und er mit mir." Der Unterschied, ja, der Gegensatz liegt offen am Tage. In der Bibel ist das Kerygma Verkündigung v o n Tatsachen, in der modernen Theologie Verkündigung o h n e Tatsachen.*

Auch Prof. Ernst K ä s e m a n n , Tübingen, läßt uns nicht im Zweifel. Er schreibt: „Das Kerygma ist also zusammenfassend charakterisiert als das . . . an den Menschen ergehende Angebot eines neuen Selbstverständnisses."

Die Umwertung Jesu Christi

Aber spricht die moderne Theologie nicht mit hohen Worten von Jesus Christus? Gewiß, das tut sie. Gerade darin liegt ja die Vernebelung und das Verwirrende. S i e b r a u c h t z w a r b i b l i s c h e B e g r i f f e , v e r s t e h t a b e r e t w a s v ö l l i g a n d e r e s d a r u n t e r . Darum muß man wieder genauer hinhören. Dann werden wir bei Heinz Z a h r n t den Satz verstehen:

„Jesus Christus begegnet mir allein im Kerygma der Gemeinde und nirgendwo anders sonst." Und sein Lehrmeister R. B u l t - m a n n sagt in aller Deutlichkeit: „ C h r i s t u s i s t i n s K e r y g m a a u f e r s t a n d e n . " Über diese Sätze dürfen wir nicht rasch hinweglesen, denn sie machen deutlich, daß eine abgrundtiefe Kluft zwischen moderner Theologie und Bibel besteht. Christus ist nach der modernen Theologie nicht leiblich auferstanden, wie es das Neue Testament klar bezeugt: „Siehe, er ist nicht hier, er ist auferstanden." Gerhard E b e l i n g sagt als Sprecher der modernen Theologie dies recht deutlich: „Glaubensgrund sind nach biblischem Verständnis nicht isolierte und objektivierte Fakten, also n i c h t T a t s a c h e n, wie etwa die fälschlich als objektive Tatsache vorgestellte und ausgegebene Auferstehung Jesu." Hier wird zwar das Wort „biblisch" gebraucht. Aber wie ganz anders ist die klare Botschaft der Bibel von der Auferstehung in Wirklichkeit: „Da die Jünger aber davon redeten (vom Emmausereignis), trat er selbst, Jesus, mitten unter sie und sprach zu ihnen: Friede sei mit euch" (Luk. 24, 36)! Das ist nach biblischem Verständnis allerdings eine „objektive Tatsache".

Wenn Bultmann trotzdem von der Auferstehung spricht, dann liegt auch an diesem Punkt wieder ein Bedeutungswandel vor. „Christus ist ins Kerygma auferstanden." Was heißt das? Ich scheue fast den Vergleich und doch muß er um der Wahrheit willen ausgesprochen werden.

Weil es für die moderne Theologie durch ihr Bündnis mit der autonomen Philosophie und durch die Übernahme des modernen Wissenschaftsbegriffs keine leibliche Auferstehung geben kann, ist Christus ins Kerygma = in die Verkündigung in dem Sinne auferstanden, wie Goethe im Rahmen einer über ihn stattfindenden Vorlesung im Hörsaal der Universität bei den Studenten aufersteht. Goethe lebt nicht an sich. Goethe ist tot. So lebt Jesus auch nicht an sich. Jesus ist tot. Bultmann sagt: „Christus, der Gekreuzigte und Auferstandene begegnet uns im Worte der Verkündigung, n i r g e n d s a n d e r s."

Also nicht an sich. Christus ist also nicht Herr der Welt, der völlig unabhängig von der Verkündigung zur Rechten des Vaters thront. Er ist nicht der in den Wolken des Himmels wiederkommende Triumphator Gottes. Das ist alles Mythologie. J e s u s C h r i s t u s a l s P e r s o n i s t t o t. Wer aber noch Zweifel hat, lese sehr aufmerksam den folgenden Satz von Prof. Ernst F u c h s, ebenfalls ein Vertreter der modernen Kerygma-Theologie.

„W o l l t e n w i r J e s u s a l s h i s t o r i s c h e I n d i v i - d u a l i t ä t v e r s t e h e n, s o m ü ß t e n w i r i h n

f r e i l i c h   w i e d e r l i e b e n .   A b e r   d a s   k ö n n e n   w i r
n i c h t   u n d   s o l l e n   w i r   n i c h t ." Falsch ist demnach das
Lied:

> Ich will dich lieben, meine Stärke,
> ich will dich lieben, meine Zier,
> ich will dich lieben mit dem Werke
> und immerwährender Begier.
> Ich will dich lieben, schönstes Licht,
> bis mir das Herze bricht.

„Das können wir nicht und das sollen wir nicht." Auch das ist
im Sinne der modernen Theologie Menschenvergötterung, wenn
wir das Lied des glaubenstiefen Tersteegen singen:

> Ich bete an die Macht der Liebe,
> die sich in Jesu offenbart:
> ich geb mich hin dem freien Triebe,
> wodurch ich Wurm geliebet ward;
> ich will, anstatt an mich zu denken,
> ins Meer der Liebe mich versenken.

„Das können wir nicht und das sollen wir nicht!"
Warum können wir das denn nicht?

Die Antwort gibt uns der nächste Abschnitt.

Jesus und Christus ist nicht derselbe

Weil uns in der modernen Theologie solche lehrmäßigen Unge-
heuerlichkeiten begegnen, kann man sehr gut verstehen, daß man
darüber erschrickt. Da man solch einen flagranten Gegensatz
zur Bibel einfach nicht für möglich halten kann, meint man
leicht, man könne ihr in der Beurteilung doch Unrecht tun. Ich
hatte selber mit dieser Anwandlung lange zu kämpfen. Und
doch dürfen wir uns die moderne Theologie nicht so zurecht-
legen, wie wir sie uns wünschen, sondern wir müssen sie so
nehmen, wie sie sich selbst versteht.

Zu dieser Selbstdarstellung der modernen Theologie, bzw. Rudolf Bultmanns, gehört auch dies:

Jesus ist nicht identisch mit Christus.

B u l t m a n n   sagt: *„Der Christus des Kerygma ist keine historische Gestalt, die mit dem historischen Jesus in Kontinuität*
(= im Zusammenhang) *stehen könnte."* Das ist wieder ein sehr
klares Wort.

Jesus

Wer ist nun Jesus und wer ist Christus?

Beide werden in der modernen Theologie völlig farblos. B u l t - m a n n schreibt: „Die Gemeinde (gemeint ist die Urgemeinde), hat gar kein Bild der Persönlichkeit Jesu bewahrt ... Jede Rekonstruktion wäre nur eine Phantasie." Aber geben uns denn die drei ersten Evangelien kein ausreichendes Bild von ihm? O ja! Wenn auch — wie wir bereits feststellten — bewußt kein Bild mit biographischer Exaktheit, weil es ja nicht auf eine genaue Lebensbeschreibung Jesu, sondern auf sein Erlösungswerk und die Verkündigung davon ankommt. Nach Bultmann ist es sinnlos, die drei Evangelien nach dem „historischen" Jesus zu fragen, weil ja nach seiner Meinung sehr viele Texte unecht, bzw. unsicher sind. Wir lesen bei ihm: „Mit einiger Vorsicht wird man über das Wirken Jesu folgendes sagen können: Charakteristisch für ihn sind Exorzismen (= Teufelsaustreibungen), der Bruch des Sabbatgebotes ..., die Polemik gegen die jüdische Gerechtigkeit, die Gemeinschaft mit deklassierten Personen ..." Und in bezug auf sein Leiden und Sterben? Auch darin bleibt nach Meinung Bultmanns „alles Vermutung". Er schreibt: „Die größte Verlegenheit für den Versuch, ein Charakterbild Jesu zu rekonstruieren, ist die Tatsache, daß wir nicht wissen können, wie Jesus sein Ende, seinen Tod verstanden hat ... Sicher ist nur, daß er von den Römern gekreuzigt worden ist ... Ob oder wie Jesus in ihm (seinem Schicksal) einen Sinn gefunden hat, können wir nicht wissen. Die Möglichkeit, daß er zusammengebrochen ist, darf man nicht verschleiern." Warum können wir es nicht wissen? Wir müssen wieder zur Antwort geben: Weil für Bultmann mehr noch als für seine Schüler besonders die drei ersten Evangelien durch die Lauge der ätzenden Bibelkritik gezogen wurden, daß so gut wie nichts mehr übrigbleibt. Die moderne Theologie hat die historisch-kritische Methode im Umgang mit der Bibel derart auf die Spitze getrieben, daß ihr darüber Jesus fast völlig unter den Händen zerronnen ist.

Wer aber dem Wort Gottes vertraut, der weiß sehr wohl, „wie Jesus sein Ende, seinen Tod verstanden hat". Für den gilt, was er gesagt hat: „Siehe, wir ziehen hinauf gen Jerusalem, und des Menschen Sohn wird den Hohenpriestern und Schriftgelehrten überantwortet werden; und sie werden ihn verdammen zum Tode und werden ihn überantworten den Heiden, zu verspotten und zu geißeln und zu kreuzigen; und am dritten Tage wird er wieder auferstehen ... Des Menschen Sohn ist nicht gekommen, daß er sich dienen lasse, sondern daß er diene und gebe sein Leben zu einer Erlösung für viele" (Matth. 20; 18, 19 und 28).

Wer aber wie Bultmann schreiben kann, ich sehe „alle Phantasie-bilder der Leben-Jesu-Forschung verbrennen, auch den Christus kata sarka" (= nach dem Fleisch), dem bleibt natürlich nur noch ein Häufchen Asche wie bei einer Urne übrig.

Christus

Und wie steht es nun mit Christus? Worin besteht überhaupt der Unterschied? Zunächst:

Das Neue Testament kennt tatsächlich den Unterschied zwischen Jesus und Christus. Da hat die moderne Theologie völlig recht. In den Evangelien wird der Gottessohn mit seinem irdischen Namen Jesus bezeichnet. Nur einige Male bricht es wie ein Wet-terleuchten am Horizont auf, daß dieser Zimmermannssohn von Nazareth der durch Jahrhunderte erhoffte und ersehnte Mes-sias, der Christus ist. So z. B. beim Petrusbekenntnis: „Du bist Christus, der Sohn des lebendigen Gottes." C h r i s t u s i s t a l s o s e i n W ü r d e n a m e.

Weiter muß dem aufmerksamen Bibelleser auffallen, daß in den Briefen der Apostel über Jesus nun durchgängig mit viel erhabe-neren Worten gesprochen wird, als dies in den Evangelien der Fall ist. Z. B. Phil. 2, 9—11: „Darum hat ihn auch Gott erhöht und hat ihm einen Namen gegeben, der über alle Namen ist, daß in dem Namen Jesu sich beugen sollen aller derer Knie, die im Himmel und auf Erden und unter der Erde sind, und alle Zungen bekennen sollen, daß Jesus Christus der Herr sei, zur Ehre Gottes des Vaters."

In der Offenbarung tun wir einen Blick durch den irdischen Ho-rizont und erleben vollends Christus als den König der Könige: „Und ich sah und hörte eine Stimme vieler Engel um den Stuhl und um die Tiere und um die Ältesten her; und ihre Zahl war vieltausendmal tausend; und sie sprachen mit großer Stimme: Das Lamm, das erwürget ist, ist würdig, zu nehmen Kraft und Reichtum und Weisheit und Stärke und Ehre und Preis und Lob" (Off. 5, 11 und 12).

Was nun für die Bibel entscheidend ist: *Obwohl zwischen Name und Würdetitel zu u n t e r s c h e i d e n ist, ist mit Jesus und Christus doch immer ein und dieselbe P e r s o n gemeint. Ob-wohl zwischen dem Jesus der Erdentage und dem Christus nach seiner göttlichen Thronbesteigung zu u n t e r s c h e i d e n ist, ist es doch jedesmal ein und dieselbe P e r s o n.*

Diese Grundwahrheit der Bibel wird nun durch die moderne Theologie, besonders durch Rudolf Bultmann preisgegeben. Und zwar in einem doppelten Sinne:

1. Es besteht kein personhafter Zusammenhang zwischen dem historischen Jesus und dem später verkündigten Christus. Wir belegten bereits diesen Satz mit einer eindeutigen Feststellung Bultmanns.

2. Aber auch dieser Christus wird völlig entstellt. Aus dem biblischen Christus wird der platonisch blasse „ k e r y g - m a t i s c h e C h r i s t u s “. Wer ist das nun? Das ist der zwar verkündigte, aber in Wirklichkeit nicht personhaft existierende Christus. Denn er ist ja nicht leiblich auferstanden, sondern nur in die Verkündigung seiner Jünger.

Darum nennt ihn ja auch Bultmann folgerichtig den „kerygmatischen Christus". Diese Unterscheidung zwischen dem biblischen, also dem leiblich auferstandenen, personhaft lebenden und darum in Macht und Herrlichkeit wiederkommenden Christus und dem kerygmatischen, bloß in Worten, aber nicht in Wirklichkeit bestehenden Christus, ist für einen grad und einfach gewachsenen Menschen nicht gut zu verstehen. Brauchen wir ein Bild. Es macht uns den Unterschied zwischen dem biblischen und dem kerygmatischen Christus sofort klar. Da habe ich einen Hundertmarkschein. Ein schöner, richtiger Hundertmarkschein. Alles ist ordnungsgemäß auf ihm gedruckt und zu lesen, aber — er ist ein Schein ohne Deckung. Was nützt mich nun der Hundertmarkschein, wenn nichts hinter ihm steht? Genauso ist es mit dem kerygmatischen Christus. Ich kann noch soviel von ihm reden, von Kreuz und Auferstehung, aber dies steht n i c h t a l s T a t s a c h e hinter ihm. Er existiert nur „ v e r b a l i - s t i s c h “, nur im Wort, aber nicht in personhafter Wirklichkeit. Weil Christus nur „verbalistisch", nur im Augenblick des Kerygmas = der Verkündigung existiert, wenn mich dies Wort trifft, spricht der moderne Theologe E b e l i n g auch immer vom „ W o r t g e s c h e h e n “. Die Bibel aber spricht vom „ H e i l s g e s c h e h e n “ und meint damit die „großen T a t e n Gottes". Sie sind die Deckung für den Geldschein. Bultmann aber sagt ausdrücklich: „Der Christus des Kerygmas hat den historischen Jesus sozusagen verdrängt."

Wir müssen feststellen:

Der kerygmatische Christus ist zu einer bloßen Christus-Idee verflüchtigt. Der Christus Bultmanns ist nicht der

Christus des Neuen Testamentes. Der Jesus Bultmanns ist ebensowenig der Jesus des Neuen Testamentes.

Sowohl ein veränderter Jesus wie ein veränderter Christus bedingen einen veränderten Glauben. Ein veränderter Glaube aber bedingt ein verändertes Kerygma = eine veränderte Verkündigung.

Mit Nachdruck möchten wir auch jetzt wieder darauf hinweisen, daß zu dieser Diastase, zu diesem Gegensatz zwischen Jesus und Christus und zu der Behauptung, Christus sei keine Person, es nicht auf Grund des Neuen Testamentes, sondern auf Grund der Verkoppelung Bultmanns mit einer autonomen Philosophie gekommen ist. Denn das Neue Testament sagt wahrlich etwas ganz anderes. Schon Kant hatte einen entpersonifizierten Gott, wie in seiner rationalistischen Gefolgschaft nun Bultmann einen e n t p e r s o - n i f i z i e r t e n C h r i s t u s hat.

Der Unterschied zwischen Bultmann und seinen Schülern

In diesem Zusammenhang, da es um Jesus Christus geht, müssen wir auf einen Unterschied zwischen Bultmann und seinen Schülern hinweisen.

Bultmanns Schüler bemühen sich wieder um den sogenannten „historischen Jesus". D. h. sie besinnen sich wieder neu auf die Geschichte Jesu, auf sein Leben und Wirken. Bultmann hingegen sagt immer wieder, es dürfte nicht hinter das Kerygma zurückgefragt werden. Der irdische, historische Jesus habe uns nicht zu interessieren. Die Schüler Bultmanns wollen sich aber diese Rückfrage nicht verbieten lassen. Denn sein Schüler Gerhard E b e l i n g sagt: „Würde die historische Jesusforschung tatsächlich nachweisen, daß der Glaube an Jesus keinen Anhalt hat an Jesus selbst, so wäre dies das Ende aller Christologie" (= Lehre über Christus). Es ist erfreulich, daß die Schüler in diesem wichtigen Punkt über ihren Lehrer hinauswachsen. Darum lesen wir gern bei seinem Schüler Ernst K ä s e m a n n : „Worum es mir geht, ist der Aufweis, daß aus dem Dunkel der Historie Jesu charakteristische Züge seiner Verkündigung verhältnismäßig scharf erkennbar heraustreten."

Es gibt einen B r i e f w e c h s e l zwischen Prof. Rudolf Bultmann und mir über dieses Buch „Alarm um die Bibel". Er wurde veröffentlicht. In dem Brief Rudolf Bultmanns bestätigt er mir zwischen den Zeilen, daß ich ihn im vorliegenden „Alarm"-Buch richtig verstanden und seine Theologie richtig wiedergegeben habe. Lediglich an zwei Stellen fühlt sich Prof. Bultmann mißverstanden. Er schreibt wörtlich: „Erlauben Sie mir nur, zwei Punkte zu nennen, an denen ich mich von Ihnen mißverstanden fühle." Einer dieser beiden Punkte ist genau hier. Prof. Bultmann meint: „S. 51 (in der 3. Auflage. In dieser 5. Auflage Seite 58) führen Sie einen Satz von Käsemann an, der im Zusammenhang den Eindruck erwecken muß, daß ich es ablehne, die charakteristischen Züge der Verkündigung Jesu aufzuweisen." Sehr gern bin ich zu einer Korrektur bereit. Es soll nicht der Eindruck entstehen, als ob sich Prof. Bultmann nicht darum bemüht habe, „die charakteristischen Züge der Verkündigung Jesu aufzuweisen". Dies hat er durchaus getan. Aber es darf nun auch nicht umgekehrt der Eindruck entstehen, als ob Rudolf Bultmann alle „charakteristischen Züge der Verkündigung Jesu" in verpflichtender Weise seiner Theologie zugrundegelegt habe. Z. B. „Des Menschen Sohn ist gekommen zu suchen und selig zu machen, was verloren ist..." „Des Menschen Sohn ist nicht gekommen, daß er sich dienen lasse, sondern daß er diene und gebe sein Leben zu einer Erlösung für viele", sagt Jesus. Dies gehört sehr entscheidend zu den „charakteristischen Zügen der Verkündigung Jesu". Aber gerade dies fehlt. Ja, es muß fehlen, denn für Soteriologie, für Erlösung durch das Blutopfer Jesu hat Bultmann prinzipiell keinen Platz. Dies gilt aber nicht nur für Bultmann, sondern ebenso für alle seine Schüler. Die gesamte Verkündigung Jesu hat durch das Sieb der modernen Theologie zu gehen. Wie überhaupt alles — auch die Frage nach dem „historischen Jesus", wenngleich sich auch hier ein Unterschied zwischen Bultmann und seinen Schülern ergibt. Gerade dieser Unterschied möge uns die Zwischenfrage gestatten: So, und auf einmal soll wieder nach dem „historischen Jesus" gefragt werden dürfen? Komisch! Warum ging es denn vorher nicht? Und warum geht es bei Bultmann auch jetzt noch nicht? Man sprach doch so leicht und so gern von „wissenschaftlichen Ergebnissen". Gelten die denn jetzt nicht mehr? Oder hat sich gezeigt, daß es doch keine waren? Trotzdem, wir freuen uns ehrlich über jede Korrektur.

Wir bleiben aber nüchtern und sehen sehr deutlich, wie der Angriff auf die Bibel darum keineswegs abgeblasen ist. Wenn die moderne Theologie auch um die „historische Aporie" (= Ratlosigkeit) weiß, so warnt Ebeling dennoch davor, diese Ratlosigkeit der modernen Theologie „als Freipaß zur Rückkehr der Christologie in das alte Geleise" anzusehen. Mit dem alten Geleise ist die biblische, bekenntnistreue und reformatorische Lehre von Jesus Christus zu verstehen. Nein, davon ist die moderne Theologie noch meilenweit entfernt. Auch für sie ist Jesus Christus nur ein Mensch und nicht Gottes Sohn. Darum sagt Ernst F u c h s im Blick auf „das Verhalten Jesu", was Fuchs der „Schlüssel zum Verständnis der Botschaft Jesu" wird:

„Dieses Verhalten ist aber weder das eines Propheten noch das eines Weisheitslehrers, sondern das Verhalten eines M e n - s c h e n , der es wagt, an Gottes Stelle zu handeln." Von Gottes Sohn keine Spur. Auch die Schüler sprechen keineswegs von der leiblichen Auferstehung Jesu.

Nochmals: der Unterschied zwischen Bultmann und seinen Schülern besteht darin:

1. sie fragen wieder nach dem „historischen Jesus", was Bultmann strikte ablehnt.

2. Jesus und Christus ist zwar derselbe, was bei Bultmann auch nicht der Fall war; denn er sagt ja: „Der Christus kata sarka (nach dem Fleisch) geht uns nichts an." Aber ...

A b e r dieser Christus ist bei ihnen auch nur der „kerygmatische Christus", den es nur „verbalistisch", also nur im Wort, aber nicht in Person gibt. Damit wird Christus auch bei ihnen zu einer bloßen Idee, einem bloßen Begriff. Er wird zu einem Geldschein ohne Deckung. Denn auch sie kommen gemeinsam mit ihrem Lehrer von der rationalistischen und existentialistischen Philosophie her. Das darf man nie vergessen. Denn dort liegt die eigentliche Weichenstelle. Wie sie den neutestamentlichen Jesus umdeuten, verkürzen und verwässern, dafür einige Belege.

Statt des Menschen Heil des Menschen Wohl

D u r c h   d a s   g a n z e   N e u e   T e s t a m e n t   g e h t   d i e B o t s c h a f t   v o n   d e r   r e t t e n d e n   K r a f t   d e s B l u t e s   J e s u . Paulus schreibt: „Gelobet sei Gott, der Vater unseres Herrn Jesu Christi ..., an welchem wir haben die Erlösung durch sein Blut, die Vergebung der Sünde" (Eph. 1, 3 u. 7). Im gleichen Geist schreibt Petrus: „Wisset, daß ihr nicht mit vergänglichem Silber oder Gold erlöst seid ..., sondern mit dem teuren Blut Christi" (1. Petr. 1, 18 u. 19).

Auch Johannes weiß von der rettenden Kraft und Aufgabe Jesu zu zeugen: „ ... das Blut Jesu Christi, seines Sohnes, macht uns rein von aller Sünde" (1. Joh. 1, 7). Es geht also eindeutig um die rettende und erlösende Aufgabe und Tat Jesu. Was aber schreibt Professor Ernst F u c h s als Vertreter der modernen Theologie? Es ist ein etwas schwieriger Satz mit nicht geläufigen Fremdworten. Wir wollen ihn aber dennoch bringen und ihn dann mit einfachen Worten erklären.

Er lautet: „Wir machen es uns also zur Aufgabe, das soteriologische Denken, gerade das im Neuen Testament anzutreffende, an die Kategorie der Tatsache orientierte soteriologische Denken, durch ein existentiales, in dem Existential Welt orientiertes Denken zu überwinden oder wenigstens zu korrigieren." D. h. schlicht folgendes: Jesus wird in der griechischen Sprache des Neuen Testamentes auch als der Soter = der Retter und Heiland bezeichnet. Das Wort soteriologisch meint diese durch Jesu Blut und Sterben geschaffene Rettungstat. Dieses Denken also, das es mit dem Blut und der Rettungstat Jesu zu tun hat, soll „überwunden oder doch korrigiert werden" durch ein Denken, das der Welt zugewandt ist und bei dem man sich zu wirklichem Menschentum erheben will. Das liegt in dem Fremdwort „existential", ein Begriff, mit dem es besonders der Philosoph Martin H e i d e g g e r zu tun hat. Im ersten Teil dieser Schrift nahmen wir darauf kurz Bezug. E s e r g i b t s i c h a l s o d i e e r s c h ü t t e r n d e T a t s a c h e , d a ß d e r S e n d u n g s a u f t r a g u n d d i e B e d e u t u n g J e s u v ö l l i g v e r k a n n t w e r d e n. *In dieser Verkennung Jesu liegt der Grund, warum wir heute im kirchlichen Raum solch eine starke soziale Hinwendung zur Welt erleben und eben keine soteriologische, keine evangelistische. Viele setzen sich ein für das W o h l der Menschen, aber nicht mit der gleichen und letzten Entschiedenheit für das H e i l der Menschen. Die Kirche setzt sich ein für den Frieden, für die Entwicklungshilfe, für die soziale Gerechtigkeit. Sie ist gegen den Wahnsinn des Wettrüstens, gegen die Massenvernichtungsmittel, gegen Rassendiskriminierung. Gegen, gegen ... Gut und richtig!!! Aber der eigentliche Auftrag ist und bleibt der „soteriologische", d. h.: die Kirche hat mit Vordringlichkeit zu verkündigen: „Es ist in keinem anderen Heil, ist auch kein anderer Name unter dem Himmel den Menschen gegeben, darin wir sollen selig werden." „Sein Blut macht uns rein von unseren Sünden." Verkündigen wir dies in letztem Ergriffensein, dann dürfen wir unter der biblischen Verheißung stehen: „So wird euch solches alles zufallen", eben das, was a u c h noch der Welt zu sagen ist. A b e r i n d e m M a ß e , w i e J e s u s v e r b l a ß t , w i e m a n d a s „ s o t e r i o l o g i s c h e D e n k e n z u ü b e r w i n-*

den" versucht, in dem gleichen Maße ver-
weltlicht die Kirche und verleugnet ihre
eigentliche Sendung. Darum kann die Gemeinde Jesu gar nicht ernsthaft genug vor
dem bibelfremden Geist der modernen Theologie warnen. Diese Theologie hat einen
anderen Jesus.

Weil man nicht um Jesu Sendung und Gottessohnschaft weiß,
kann ein Gerhard E b e l i n g sagen: „Der Glaube ist angewiesen auf Jesus. Es ist darum offenbar auch so, daß Jesus gewissermaßen angewiesen ist auf den Glauben." So richtig der
erste Satz ist, so völlig falsch und höchst gefährlich ist der zweite. Was steht dahinter? Es gibt Jesus als den erhöhten Christus
nicht. Er lebt nur durch die Glaubenden; er lebt nicht nur i n
der Verkündigung, sondern auch d u r c h die Verkündigung.
Ähnliche Gedanken kann man im philosophischen Bereich abge-
wandelt bei H e g e l finden.

Solch ein Christusverständnis ist für die
Bibel völlig unmöglich.

Dort heißt es: „Aus seiner Fülle haben wir alle genommen
Gnade um Gnade." Es fehlt aber jedes Wort in der Richtung
Ebelings.

Wie Jesus „entnervt" wird, geht auch aus der Ansicht von Ernst
F u c h s hervor: „A n Jesus glauben heißt wohl, w i e Jesus
glauben, daß Gott erhört."

Wir stehen leicht in der Gefahr, die Tragweite dieses Satzes
zu überlesen. A n Jesus glauben heißt, w i e Jesus glauben.
Stimmt das? Nein, niemals! Denn dann ist Jesus mit seinem Erlösungswerk nicht mehr der I n h a l t meines Glaubens, sondern Jesus ist nur noch ein V o r b i l d , ein Muster dafür, wie
ein Mensch glauben und Gott vertrauen soll. Wer sagt: „An Jesus glauben heißt wohl, w i e Jesus glauben", hat damit den
Glauben a n Jesus preisgegeben. Ebeling schreibt: „An Jesus
glauben heißt der Sache nach, Jesu Entscheidung wiederholen."
Jesus wird so zu einem bloßen Z e u g e n des Glaubens, nicht
aber zum G e g e n s t a n d des Glaubens. Damit ist sowohl
Jesus Christus selber als auch der Glaube verraten und die Bibel
ist wieder einmal durch Menschen entthront. Denn in ihr sagt
Jesus: „Wer a n m i c h glaubt, hat das ewige Leben" (Joh.
6, 47).

Die Ent-fabelung der Bibel

Wir haben uns mit den Fachausdrücken „Enthistorisierung" und „Kerygma" vertraut gemacht. Nun dürfen wir vor einem dritten nicht kapitulieren. Ich habe mich lange besonnen, wie man ihn wohl gemeindegemäß übersetzen könnte. Ich kam auf das Wort „Entfabelung", weil darin das in der Bibel gebrauchte Wort „Fabel" enthalten ist. Das Fremdwort für Entfabelung heißt Entmythologisierung.

Man kann von der modernen Theologie in ihrem Angriff auf die Bibel nicht reden, ohne nicht auch von der Entmythologisierung zu sprechen.

Die Worterklärung

Erklären wir zunächst einmal kurz den Begriff. In ihm steckt das Wort Mythos. Wir übersetzen es auf Seite 16 mit „Göttersage". Ganz allgemein meint der Mythos eine Erzählung, besonders eine Göttergeschichte, die in einer bildhaften Form ausdrückt, was ein Volk oder eine Personengruppe in religiöser Hinsicht glaubt.

Diese verschiedenen Mythen (Mehrzahl) kann man nun ordnen, zusammenbringen und wissenschaftlich erforschen. Die Erforschung dieses Überlieferungsschatzes eines Volkes oder einer Personengruppe über ihre Götter nennt man Mythologie. Als junger Mann bekam ich einmal ein dickes Buch in die Hand, das die ganzen Göttergeschichten der alten Griechen enthielt. Das war solch eine Mythologie.

Die Fragestellung der modernen Theologie

Bultmann und seine Schüler haben nun ein Anliegen, das nicht nur die Bibel in radikaler Weise angreift, sondern an die Fundamente der gesamten Christenheit rührt.

Die Frage lautet: Was ist am jeweiligen Bibeltext „wahr" und was ist „mythisch", was ist „göttlich" und was „menschlich"? Was entspringt der Phantasie und was ist Wahrheit, was ist Kern, was ist Schale?

Wenn die Kirche Jesu Christi sagt, die Bibel berichte uns von der Heilsgeschichte Gottes mit den Menschen, dann fragt uns besonders Rudolf Bultmann: Handelt es sich wirklich um „Geschichte", handelt es sich nicht vielmehr um „Mythos"?

Die Fragen, besonders von Rudolf Bultmann gestellt, sind durchaus berechtigt. Auch an dieser Stelle wollen wir die ehrliche Absicht Bultmanns und seiner Schüler nicht vergessen. Sie wollen dem modernen Menschen Hindernisse auf dem Weg des Glaubens wegräumen. Aber ist dies der richtige Weg, wie es die moderne Theologie tut? Jedenfalls kann nicht ausbleiben, daß das Zusammenstreichen der Bibel durch die Entmythologisierung die Verkündigung ganz wesentlich beeinflußt; denn beide, überhaupt alles ist ja miteinander verzahnt. Die ganze Not auf dem Gebiet der Entmythologisierung entsteht zentral dadurch, daß sich Bultmann und seine Schüler zu Gefangenen eines vermeintlich modernen, aber in Wirklichkeit bereits überholten Wissenschaftsbegriffes machen. Wir können dies nicht oft genug betonen. Von dorther sagen sie, d i e B i b e l s e i „ v o r w i s -
s e n s c h a f t l i c h ". Z u d i e s e r V o r w i s s e n s c h a f t -
l i c h k e i t g e h ö r e a u c h d e r w e i t e R a u m i h r e r
M y t h e n. Um die Bibel nun dem modernen, wissenschaftlichen Denken anzugleichen, müsse sie eben „entmythologisiert" werden. Was aber fällt dem zum Opfer? Alles, aber nun auch alles, was nicht in das moderne, naturwissenschaftlich geprägte Weltbild hineinpaßt. Darum nicht nur Randgebiete der Bibel, wie etwa Jonas Aufenthalt im Leib des Fisches, sondern die Zentralereignisse im Leben Jesu, angefangen bei seiner Jungfrauengeburt, bis hin zu seinem stellvertretenden Leiden und Sterben, durch das er der Gerechtigkeit Gottes Genüge tat, seine Auferstehung und Himmelfahrt, seine Wiederkunft. Es gehört dazu das Rechnen mit einer satanischen Gegenmacht, mit der Welt des Dämonischen, es gehören dazu die von Christus gewirkten Wunder. Wir nahmen bereits bei der Behandlung der geistigen Grundlagen der modernen Theologie darauf Bezug. Alles dies soll nun dem Moloch des neuzeitlichen, aber bereits überholten Wissenschaftsbegriffes geopfert werden. Was bleibt bei solch einer Entmythologisierung dann noch übrig?

Karl B a r t h sagt mit Recht: *„Wenn Entmythologisierung bedeutet, was Bultmann unter der Voraussetzung seines Mythusbegriffes darunter versteht, dann kann ich das Evangelium des Neuen Testamentes — ich will nicht sagen gar nicht, aber nur noch in den dunkelsten Umrissen wiedererkennen."* Richtig! Aber damit fühlt sich Bultmann nicht widerlegt, was Barth mit diesem Satz auch keineswegs behauptet.

Was antworten wir also? Ganz kurz dreierlei:

1. Zu behaupten, es gäbe nur die „in sich ruhende Endlich-keit", nur die e i n e uns sichtbar umgebende Wirklichkeit, die ein absolut abgeschlossenes Gefüge sei, dies zu behaupten, ist ja gar kein wissenschaftlicher Satz, sondern ist bereits selber „m y t h o l o g i s c h". Der moderne Wissenschaftsbegriff ist nicht haltbar, wenn er die Innerwirklichkeit verabsolutiert. Außerdem steht der moderne Wissenschaftsbegriff ja bereits in einer Häutung. Naturwissenschaftlich gesehen werden heute zum Beispiel Wunder für möglich gehalten. Bultmann und seine Schü-ler befinden sich also nicht auf dem modernen Erkenntnisstand. Es sei mir der Hinweis gestattet, daß ich in meinem Buch „Pro-bleme einer fragenden Generation" diesen Komplex ausführli-cher abgehandelt habe. Darum möchte ich mir eine Wiederho-lung ersparen.

2. Mythologisches Denken und Reden ist zwar eine Urform der Menschen, aber nur solcher, die noch außerhalb der Selbstoffen-barung Gottes in sëinem Wort und Werk stehen. Die Heilige Schrift enthält keine Mythologie, sondern Selbstbezeugung Got-tes, die ihren Höhepunkt in Jesus Christus hat. Wohl verwen-det sie Bilder, z. B. im letzten Buch der Bibel, der Offenbarung. Aber Bilder sind keine Mythen. Darum ist die Absicht Bult-manns und der modernen Theologie falsch, die angeblich mytho-logische Denk- und Ausdrucksform der Bibel von der wissen-schaftlichen ablösen wollen.

3. Diese Selbstoffenbarung Gottes zu akzeptieren, fällt einem Christen um so weniger schwer, je ernster er die Realität Gottes nimmt. Denn *Gott würde sich zum Sklaven seiner Schöpfung machen, wenn er aus seiner unsichtbaren Wirklichkeit nicht in unsere sichtbare Wirklichkeit hineinlangen könnte.*

Um es ganz praktisch zu sagen: Ende März 1962 stand ich im Kreis einer Pilgerschar auf dem Hirtenfeld bei Bethlehem. Ich habe auch nicht den Bruchteil einer Sekunde daran gezweifelt, daß es sich damals in jener hochheiligen Nacht nicht so zuge-tragen haben sollte, wie es uns der Evangelist in Lukas 2 be-richtet. Ich bin davon überzeugt, daß es uns allen so ging. Ich möchte mich dieser „Naivität" wegen gerne auslachen lassen. *Jedenfalls glaube ich, daß eine intellektuell bedingte Wirklich-keitsverkürzung keine Ahnung von den Tiefen der Dimensio-nen hat, in die wir blutleeren und blassen Menschen des 20. Jahrhunderts hineingebettet sind. Darum ist es in Wirklichkeit gar nicht wissenschaftlich, aus dem engen Gefängnis menschlicher Verstandeserfahrung überlegen feststellen zu wollen, wie dies die moderne Theologie tut, beim Weihnachtsevangelium handele es sich um eine Legende, die entmythologisiert werden müsse.*

4. Schließlich muß auch noch dies gesagt werden: Bultmann verkennt völlig, daß im Unterschied zu den heidnischen Mythologien in der Welt der Bibel ja gerade der E i n e am Werke ist, der endlich durch die Sendung seines Sohnes das erfüllt und wahr macht, was sich die Menschheit in ihren religiösen Kulten und Mythen ersehnt. Soll dies Fragen in ihren Mythen keine Antwort finden? In Jesus Christus wurde sie der Menschheit zuteil. C h r i s t u s i s t d i e E r f ü l l u n g u n d d a m i t z u g l e i c h d a s E n d e d e r R e l i g i o n e n. Wenn Bultmann nun behauptet, das sei selber wieder Mythologie, dann können, ja, dann müssen wir schließlich sagen, auch auf die Gefahr hin, als pharisäisch gebrandmarkt zu werden:

D u k e n n s t J e s u s C h r i s t u s n i c h t.

Auch jetzt zeigt sich wieder: *biblisches und philosophisches Denken in der Weise der modernen Theologie sind wie Feuer und Wasser. Die Forderung nach Entmythologisierung erwächst aus der Verabsolutierung des Sichtbaren.* Die Bibel aber weiß um den Ereignischarakter, daß „uns besucht hat der Aufgang aus der Höhe". Darum mahnt sie uns besonders heute in einer dringlichen Aktualität nachzuvollziehen, was Paulus von sich und den Christen der Urgemeinde bekannte:

„Uns, die wir nicht sehen auf das Sichtbare, sondern auf das Unsichtbare. Denn was sichtbar ist, das ist zeitlich; was aber unsichtbar ist, das ist ewig" (2. Kor. 4, 17).

Die Erfindung der „Gemeindetheologie"

Wir mußten im Verlauf der Beschäftigung mit der modernen Theologie erkennen, wie die Bibel von allen Seiten einem Sturmangriff ausgesetzt wird. Der Segen eines solchen Unternehmens kann zweifellos darin liegen, daß es unserem bisherigen Schriftverständnis nicht schaden kann, wenn es aus einer vielleicht dornröschenhaften Geborgenheit und Sicherheit aufgeschreckt und zur Überprüfung seiner Position herausgefordert wird. Solch ein In-Frage-gestellt-werden vermag zur Klärung ganz wesentlich beizutragen.

Ein weiterer Angriff auf die Bibel, den zwar die moderne Theologie nur für einen Angriff auf falsche V o r s t e l l u n g e n von der Bibel versteht, ist durch ein neues Stichwort gegeben, es heißt „Gemeindetheologie".

Was ist darunter zu verstehen?

Wir denken jetzt an die drei ersten Evangelien. Wer nun glaubt, diese Evangelien meinten auch in Wirklichkeit das, was sie berichten, der befindet sich nach Meinung der modernen Theologie in einem großen Irrtum. Wir nahmen bereits darauf Bezug. Wir erinnern uns:

Auf Grund eines tiefgehenden Zweifels gegenüber der Wahrheit und Geschichte ist die moderne Theologie der Meinung, daß sich in den Evangelien fremde Überlagerungen eingenistet haben. Dieses ist eben das, was man nun mit dem Stichwort Gemeindetheologie bezeichnet.

Woher will die moderne Theologie das wissen? Auf Grund der historischen Forschung. Der bereits erwähnte Tübinger Professor Ernst K ä s e m a n n schreibt:

„Zugleich wies die formgeschichtliche Arbeit nach, daß die von den Synoptikern (drei ersten Evangelisten) dargebotene Botschaft Jesu g r ö ß t e n t e i l s nicht authentisch, sondern Ausprägung des urchristlichen Gemeindeglaubens in seinen verschiedenen Stadien ist." Auch hier wieder das sehr unbekümmerte Wort, die formgeschichtliche Arbeit „wies nach".

Wenn das mit den Nachweisen solch eine leichte Sache wäre, — ich wiederhole — so ist nicht einzusehen, warum dann andere Theologen nicht auch zu den gleichen Forschungsergebnissen kommen. Warum weisen denn nur Theologen, die der Bultmann-Schule nahestehen, bzw. zu ihr gehören, nach, daß die „dargebotene Botschaft Jesu größtenteils nicht authentisch" ist? Sind Theologen vom Range eines K ö b e r l e , K ü n n e t h , M i c h e l , B e y r e u t h e r etc. — um nur Lebende zu nennen — weniger befähigt? Und der verstorbene neutestamentliche Lehrer und Professor Adolf S c h l a t t e r ? Haben sie alle denn nichts von der Sache verstanden? Das wird keiner behaupten wollen. Also liegt es an der B r i l l e , durch die man die Bibel liest. Es liegt keine Nötigung durch die Texte der Bibel selber vor; denn dann müßten alle Forscher darauf stoßen, was Ernst K ä s e m a n n schreibt: *„Aus allem Genannten folgt, daß die übergroße Zahl der evangelischen Wundergeschichten als Legende angesprochen werden muß. Was sich als historisch glaubwür-*

dig erweist, sind so harmlose Vorfälle wie die Heilung der Schwiegermutter Petri von einem Fieber." Eine Zwischenbemerkung: „Personenwunder" kann die moderne Theologie unter Umständen anerkennen, aber keine „Naturwunder". Personenwunder gehen auf eine starke Suggestivkraft zurück und gibt es deshalb auch in anderen Religionen. In Wirklichkeit sind auch sie keine Wunder. Denn echte Wunder gibt es nicht. So sagt die moderne Theologie. Die Bibel aber sagt: „Bei Gott ist kein Ding unmöglich."

Es ist die philosophische Brille, die der modernen Theologie die weltanschaulichen Denkprinzipien eines kantischen Rationalismus auf die Nase setzte, so daß Käsemann schreiben kann: *„Alle Stellen, in denen irgendein Messiasprädikat erscheint, halte ich für Gemeindekerygma. Nicht einmal das Wort Markus 8, 38 vermag ich als echt anzuerkennen."*

Wer bestimmt also, was echt ist oder nicht? Nicht die Heilige Schrift selbst, sondern der Mensch, eine bestimmte theologische Richtung. Warum vermag Käsemann Markus 8, 38 nicht „als echt anzuerkennen"? Sicherlich deshalb, weil hier vom wiederkommenden Christus und von Engeln die Rede ist. Es heißt dort: „Wer sich aber mein und meiner Worte schämt unter diesem ehebrecherischen und sündigen Geschlecht, des wird sich auch des Menschen Sohn schämen, wenn er kommen wird in der Herrlichkeit seines Vaters mit den heiligen Engeln."

Damit Klarheit besteht:

Unter Gemeindetheologie versteht die moderne Bultmannsche und nachbultmannsche Schule das, was zwar im Neuen Testament, besonders in den Evangelien von Jesus steht, daß er dies gesagt und jenes getan hat, was er aber in Wirklichkeit nicht gesagt und getan hat, sondern was ihm durch die nachösterliche Gemeinde in den Mund gelegt oder als Tat untergeschoben wurde.

Die moderne Theologie gibt sogar die Einsetzung des Abendmahles am Gründonnerstag als Gemeindetheologie aus. Bultmann hält den Abendmahlsbericht für eine Kultlegende. Das heißt auf gut deutsch:

Christus hat mit seinen Jüngern dies gar nicht gefeiert. Wenn Paulus also schreibt: „Ich habe es von dem Herrn empfangen, was ich euch gegeben habe. Denn der Herr Jesus in der Nacht, da er verraten ward, nahm das Brot, dankte und brach es und sprach: Nehmet, esset, das ist mein Leib, der für euch gebrochen wird; solches tut zu meinem Gedächtnis . . ." (1. Kor. 11, 23, 24) — dann ist das gar nicht wahr und hat sich gar nicht ereignet.

Wie weit muß eine Theologie vom klaren biblischen Weg abgeirrt sein, wenn sie sich in solch einem Unterholz theologischer Spekulationen verfangen kann.

Wenn wir also von einem Sturmangriff auf die Bibel reden, so ist dies wahrlich nicht einem Angsttraum entsprungen und das Phantasieprodukt hypochondrischer und ängstlicher Leute, die überall Gespenster sehen. Wir stehen vor einer Radikalbedrohung durch eine bibelfremde Theologie von kirchengeschichtlichem Ausmaß. Darum gilt auch in diesem Zusammenhang der Warnungsruf unseres Herrn: „Wachet!"

Die Sinnentstellung des Glaubens durch die moderne Theologie

Aller Umgang mit der Bibel soll einem letzten Ziel dienen: Der Mensch soll zum lebendigen, persönlichen Glauben an Jesus Christus geführt werden. Und zwar an einen Jesus Christus, hinter dem die ganze Wucht geschichtlicher Tatsachen steht, wie sie uns der zweite Glaubensartikel mit seinen Hammerschlägen in gedrängter Kürze bezeugt. Es ist sich darin die gesamte Christenheit einig, die dieses Glaubensbekenntnis herzensmäßig nachvollzieht, ob nun in den evangelischen, katholischen oder orthodoxen Kirchen.

Um so erregender ist es, wenn die moderne Theologie mit ihrer bewußt gewollten „r a d i k a l e n K r i t i k " (Käsemann) gegen Bibel und Bekenntnis auch in diesem Stück Sturm läuft. Um so erregender, wenn die moderne Theologie einen Siegeslauf zu unternehmen scheint und immer mehr von den Universitäten kommend in den Gemeinden Einzug hält. Die moderne Theologie hat eine Vorstellung vom Glauben, der im radikalen Gegensatz zum echten biblischen Glauben steht.

Wieso?

Auch jetzt mag uns das Stichwort wieder zu einer wesentlichen Verstehenshilfe werden. Statt des biblischen Glaubens auf Grund von Tatsachen will sie die

„Entsicherung des Glaubens".

Dieser entsicherte Glaube, meint sie, sei in Wahrheit der biblische. Nun, wir werden sehen.

Zunächst: Was versteht die moderne Theologie unter „Entsicherung des Glaubens"?

Wir wollen es ganz praktisch sagen. Durch meine evangelistische Tätigkeit komme ich mit sehr vielen Menschen zusammen. Es gibt Betrübliches, aber sehr viel mehr Erfreuliches. Das mit Abstand Allerschönste ereignet sich aber immer dann, wenn mir ein Mensch in der Sprechstunde gegenübersitzt und wie der Kerkermeister von Philippi fragt: „Was muß ich tun, daß ich selig (im Griechischen gerettet) werde?" Das ist ja das Ziel all unseres Dienstes, ob nun als Evangelist, als Pfarrer, als Prediger, Diakon, Religionslehrer, Sekretär etc.

Wie verschieden auch immer die Situation des betreffenden Menschen ist, die ich dann berücksichtige, so habe ich letztlich doch nur ein Anliegen. Diesen betreffenden Menschen von sich selbst loszubekommen und ihn ganz mit Jesus zu konfrontieren. Dann halte ich ihm vor, was dieser Jesus nicht alles für ihn getan hat, wie er seinetwegen in die Welt kam, seinetwegen den schweren Weg nach Golgatha ging, seinetwegen die Last aller Sünde auf sich lud, den Tod erlitt und am dritten Tage aus der Nacht des Grabes erstand. Ich versuche ihm zu zeigen, wie Jesus ihn, der da vor mir sitzt, sucht, wie er alles Jesus sagen darf, wie er diesem Christus vertrauen kann, wie er an ihn „glauben" darf. Ich habe mir eigens eine Karte drucken lassen, die ich dem Betreffenden dann möglichst gebe.

Der Text lautet:

> Blicke nur auf Jesum,
> Seele, eil ihm zu!
> Der für Dich gelitten,
> gibt Dir Fried und Ruh.
> Er trug Deine Schmerzen,
> alle Deine Schuld,
> blicke nur auf Jesum,
> traue seiner Huld!

Alles ist von der einen seelsorgerlichen Absicht getragen, ich sage es nochmals, den Menschen von sich selber und von einer eventuellen psychologisierenden Karussellfahrt um sich loszubekommen und ihn ganz auf Jesus Christus zu werfen. Da ist Jesu Zusage: „Wer zu mir kommt, den werde ich nicht hinausstoßen." Oder: „Siehe, ich stehe vor der Tür und klopfe an . . .!" Eine Frage ist mir dann immer von besonderer Wichtigkeit. Nachdem ich ihm die Gegenwart Jesu durch seinen Heiligen Geist versichert und ihm das Heils- und Erlösungswerk Jesu bezeugt habe, stelle ich sie ihm. Sie lautet: „Wollen Sie nun Jesus zum Lügner machen, dadurch, daß Sie ihm dies alles nicht glauben und ihm nicht vertrauen?" Wenn der Betreffende das wollte, brauchte er gar nicht zu mir gekommen zu sein. Von dorther darf ich es deshalb in den meisten Fällen erleben, daß diese Menschen den Schritt von sich weg und hin zum Glauben an Jesus wagen. Darüber werden sie dann froh.

Die moderne Theologie sagt zu diesem ganzen Unternehmen ein r a d i k a l e s N e i n. Warum? Aus zwei Gründen.

Die Wirklichkeit des Menschen wird verfehlt

1. Was ich dort tue, verfehlt die Situationswirklichkeit des modernen Menschen. Er lebt in einer Welt der Fließbänder, der Automaten, überhaupt der Technik, des Sichtbaren. Darum nimmt er dann Anstöße am Glauben, wenn ich ihm nun mit so etwas komme, wie ich es tue. *Solch ein Weg führt ihn darum nicht zum Glauben hin, sondern hindert ihn gerade am Glauben. Also muß man dem modernen Menschen „seine falschen Anstöße am christlichen Glauben nehmen und ihm dazu verhelfen, daß er mit gutem Gewissen glauben kann, ohne dabei intellektuell (= verstandesmäßig) unredlich zu werden."* So ist es bei Heinz Z a h r n t schwarz auf weiß zu lesen. Die Anstöße bestehen nach Meinung der modernen Theologie eben in dem, daß dem modernen Menschen all dies zugemutet werden soll, was ich dem betreffenden Ratsuchenden von der Erlösungstat Jesu Christi und des Menschen Sünde und Verlorenheit vortrug.

Darauf können wir nur antworten:

a) Seit wann hat sich denn die Verkündigung des Evangeliums nach dem Menschen auszurichten, seit wann der Schöpfer nach dem Geschöpf? Die Magnetnadel auf dem Kompaß ist nicht der Mensch, sondern Gottes untrügliches Wort. Maßstab ist nicht der kleine Erdenbürger in seinen jeweiligen Gegebenheiten. Der Mensch braucht sich nur dann nicht nach der Offenbarung Gottes zu richten, wenn der Mensch seine eigenen weltanschaulichen Meinungen der Offenbarung überordnet. Damit aber gibt er die Offenbarung preis.

b) *Wenn irgendeiner die wahre Wirklichkeit des Menschen verfehlt, dann ist es tatsächlich die moderne Theologie. Man hat den sehr starken Eindruck, daß diese ganze Sache eine reine Schreibtisch-Theologie ist. Jedenfalls geht sie trotz ständiger Be-*

*rufung auf den modernen Menschen und seine Verstandesnöte
an der eigentlichen Grundbefindlichkeit des Menschen vorbei.
Darum scheint diese ganze Theologie nicht aus der seelsorgerlichen Begegnung mit dem Menschen geboren zu sein. Wäre sie es,
so wüßte sie, daß d i e   e i g e n t l i c h e   N o t   d e s   M e n -
s c h e n   k e i n e   V e r s t a n d e s - ,   s o n d e r n   e i n e   G e -
w i s s e n s -   u n d   E x i s t e n z n o t   i s t .*

Dort begegnet uns die Tiefenschicht des Menschen. Darum ist es
auch aus diesem Grunde falsch, fortwährend den m o d e r n e n
Menschen zu beschwören. Die Bibel sieht ihn realistisch: „Da
ich's wollte verschweigen, verschmachteten meine Gebeine ... "
„Aus der Tiefe rufe ich, Gott, zu dir." Diese Tiefe ist die Ge-
wissenserkenntnis: „Meine Sünde ist immer vor mir." „So du
willst, Herr, Sünde zurechnen, Herr, wer wird bestehen?"
(Psalm 130, 4). Das galt schon vor rund 3000 Jahren. Die Erfahrung lehrt: das gilt auch für den modernen Menschen, ja,
gerade für ihn heute.

Die Wirklichkeit des Glaubens wird verfehlt

2. Das zweite Nein der modernen Theologie lautet:

Was ich dort in der seelsorgerlichen Begegnung dem Menschen
sage, ist falsch, denn es verfehlt nicht nur den Menschen, sondern auch den Glauben.

*Echter Glaube ist nach Meinung der modernen Theologie nämlich
der, der auf die Krücken und Stützen vermeintlicher, legendärer
oder auch wirklicher Tatsachen aus dem Leben Jesu verzich-
tet. Echter Glaube will gar keine Sicherungen durch irgendwelche „Fakten". Echter Glaube braucht gar kein Kreuz und keine
Auferstehung Jesu, braucht keinen wirklich existierenden Christus, den es ohnehin nicht gibt. Echter Glaube ist dies, wenn ich
mir klarmache: „ ... welch primitive Mythologie, daß ein
Mensch gewordenes Gottwesen durch sein Blut die Sünden
der Menschen sühnt."* So belehrt uns B u l t m a n n. *Zum echten
Glauben gehört auch, sich darüber klar zu werden: „Der geschichtliche Jesus der Synoptiker* (der drei ersten Evangelisten)
ruft nicht ‚zum Glauben' an seine Person auf." Auch dies lehrt
uns Bultmann. Für den echten Glauben ist gar nicht das „Was"
des Glaubens wichtig, sondern nur das „Daß". Für dieses „Daß"
des Glaubens, also für die Tatsache, daß einfach ganz schlicht geglaubt wurde, gerade dafür gibt uns Jesus ein Beispiel. Er blieb
dem Glauben treu und besiegelte ihn mit dem Tod. Darum sol-

len wir glauben w i e Jesus, aber nicht a n Jesus. Wenn wir diese „Entsicherung des Glaubens" durchstehen, dann erst haben wir den echten Glauben. Auch dann erst haben wir das reformatorische Anliegen vom „sola fide" = „allein durch den Glauben" verstanden. So kann ein Bultmannschüler in einem offiziellen evangelischen Sonntagsblatt unter dem 27. Januar 1963 u. a. schreiben: „Für den christlichen Glauben ist es absolut bedeutungslos, ob jemand für wahr hält, daß Jesus in einer fernen Vergangenheit Blinde sehend und Lahme gehend machte. Für den Glauben ist es absolut bedeutungslos, ob jemand für wahr hält, daß Jesus leiblich auferstanden sei und seinen Jüngern mit verklärtem Leibe erschien."

Was antworten wir?

Man muß sich schon tüchtig anstrengen, um bei solch einer Charakterisierung des Glaubens die Betreffenden überhaupt noch ernst zu nehmen. Sich dabei dann noch zum Sachwalter der Reformatoren zu machen, ist ein starkes Stück. Martin Luther hat jedenfalls gesagt: „Rem (= die Sache, den Gegenstand) mussen wir behalten, wir redens mit Vocabeln, wie wir wöllen." Zur Sache gehört, was Paulus schreibt: „Ist Christus nicht auferstanden, so ist euer Glaube eitel, so seid ihr noch in euren Sünden."

G e r a d e d i e S a c h e a b e r g i b t d i e m o d e r n e T h e o l o g i e p r e i s .

Ihr Anliegen wollen wir zwar würdigen. Ihr geht es darum, daß wir uns nicht in falscher Sicherheit wiegen. Aber darüber verlieren sie die frohe Gewißheit des Glaubens. E i n e m G l a u b e n , d e r s i c h a b e r s e i n e r S a c h e n i c h t g e w i ß i s t , f e h l t d a s R ü c k g r a t .

Worin liegt denn der eigentliche G r u n d , solch einer völligen Sinnverkehrung des Glaubens zu verfallen?

Antwort: *Weil die moderne Theologie einfach nicht weiß, was es mit echtem biblischen Glauben auf sich hat, entgleitet ihr der Glaube unter den Händen. Die moderne Theologie wird auch in bezug auf den Glauben von den selbstgeschmiedeten Ketten ihrer Verkoppelung an den autonomen Geist einer Philosophie und eines vermeintlich naturwissenschaftlich geprägten Weltbildes nicht frei.* Zwar kann die moderne Theologie noch mit klugen Worten vom Glauben reden, aber es ist nicht der Glaube, den die Bibel meint. Welcher denn? Bultmann sagt es selbst. Wir erinnern uns: „Der vom Kerygma (also von der Verkündigung) geforderte Glaube ist jedoch die Offenheit für die neue Möglichkeit der Existenz." In der modernen Theologie lebt der Glaube vom Glauben, in der Bibel von Jesus Christus. Wie Bultmann am Glauben trotz dauernden Redens von ihm dennoch völlig vorbeigeht, erhellt auch aus folgendem Satz: „Die Verkündigung bringt nichts in unser Leben hinein als ein neues Etwas, ... sie öffnet nur uns selbst die Augen, ... sie qualifiziert damit unser Leben neu." Vorbeireden aus einer Scheu, es doch nicht so scharf sagen zu können, hilft weder Bultmann noch uns. Darum muß es gesagt werden:

Was hier gefordert wird, ist der Glaube an den Menschen selber. Es ist kein Evangelium, noch nicht einmal alttestamentliches Gesetz. Es ist mit vielen christlichen Worten verbrämte Anthropologie = Lehre vom Menschen, ja, Anthropozentrik = der Mensch steht im Mittelpunkt. Der Mensch schafft selber sein Heil. Das erinnert sehr an die Geschichte von dem Mann, der sich an seinen eigenen Haaren selber aus dem Sumpf ziehen wollte. Nicht ohne Absicht sagt Gerhard Ebeling: „Der Glaube ist das Heil selber."

Wie diametral anders die Bibel. Sie sagt: „Es ist in keinem anderen Heil, ist auch kein anderer Name unter dem Himmel den Menschen gegeben, darin wir sollen selig werden" (Apg. 4, 12). Im Neuen Testament gründet sich der Glaube einzig und allein auf Jesus Christus. Er sagt: „Glaubet an Gott und glaubet an mich" (Joh. 14, 1)! Biblischer Glaube lebt von seinem Gegenüber: dem dreieinigen Gott. Biblischer Glaube ist ein Geschenk. „Aus Gnade seid ihr selig geworden durch den Glauben — und das nicht aus euch: Gottes Gabe ist es" (Eph. 2, 8). Hingegen ist in der modernen Theologie der Glaube eine Möglichkeit des Menschen selber. Der Unterschied, ja, der Gegensatz ist offenkundig. Ihn zu verharmlosen hilft keinem weiter. Wer es dennoch tut, weil er es aus guter Meinung einfach nicht fassen kann und wahrhaben will, daß Theologen derart vom Bekenntnis der Väter und Bibel abirren können, der möge sich von Bultmann sein programmatisches Wort zurufen lassen: „Von Gott reden, heißt zugleich vom Menschen reden."

Der radikale Bultmannschüler, Theologie-Professor Herbert Braun von der Universität Mainz, sagt es unmißverständ-

lich: „G o t t   i s t   j e d e n f a l l s   n i c h t   d e r   f ü r   s i c h
E x i s t i e r e n d e ... Gott heißt vielmehr das Woher meines
Umgetriebenseins."

Gott ist also entpersonifiziert und zu einer bestimmten Art der
Mitmenschlichkeit verflüchtigt.

Nein, man kann wirklich der Tatsache nicht mehr widersprechen, daß in der modernen Theologie der Glaube etwas völlig
anderes ist als in der Bibel.

Warum verfehlt die moderne Theologie den biblischen Glauben?

Stellen wir uns jetzt einmal die Frage: Warum verfehlt die
moderne Theologie eigentlich so sehr den biblischen Glauben?
Die Antwort muß lauten:

*Weil sie Jesus Christus verfehlt, verfehlt sie auch den H e i l i -
g e n   G e i s t   und damit den Glauben. Denn nur durch das
Geschenk des Heiligen Geistes erschließt sich dem Glaubenden
Jesus Christus.* Gottes Wort sagt: „Niemand kann Jesum einen
Herrn heißen außer durch den Heiligen Geist" (1. Kor. 12, 3).
Der Heilige Geist ist also Voraussetzung für echten biblischen
Glauben. Der Heilige Geist ist die Brücke zwischen Vergangenheit, Gegenwart und Zukunft. Der Erlanger Theologie-Professor Walter K ü n n e t h schreibt: *„Das Pneuma* (= der Heilige
Geist) *des Auferstandenen ist gegenwartsmächtig und zugleich
vergangenheitsmächtig und damit geschichtsmächtig."* Der Heilige Geist ist der Geist Jesu Christi. Durch den Heiligen Geist
ist das „in-Christo-sein" möglich. Hier hat biblischer Glaube
seinen Standort.

A u f   G r u n d   d e r   S e l b s t b e z e u g u n g   J e s u   d u r c h
s e i n e n   H e i l i g e n   G e i s t   g i b t   e s   d i e   G e w i ß -
h e i t   d e s   G l a u b e n s . *Diese Wirklichkeitsgewißheit des
Glaubens macht mich darüber hinaus auch der Tatsache gewiß,
daß Jesus Christus h i s t o r i s c h   e x i s t i e r t   h a t . E s
g i b t   k e i n e   G l a u b e n s g e w i ß h e i t   o h n e   G e -
s c h i c h t s g e w i ß h e i t . Die Geschichtsgewißheit folgt der
Glaubensgewißheit wie der Schatten dem Licht. Wenn auch
schon die Unerfindbarkeit der Person, der Lebensgeschichte und
Lehre Jesu eine intuitive Gewißheit gibt, wieviel mehr gibt erst
der Heilige Geist frohe Gewißheit im Sinne von Heilsgewißheit!
J e s u s   C h r i s t u s   ü b e r f ü h r t   d u r c h   s i c h   s e l b s t .
Ja, angesichts der Gegenwärtigkeit Jesu im Leben des Glauben-

den ist es für ihn so gut wie s i n n l o s , erst noch zu fragen, ob er gelebt hat, ob die Wunder geschehen sind, ob er das Abendmahl gefeiert hat, ob er am Kreuze auf Golgatha für meine Sünden gestorben ist. Es ist dies alles deshalb überflüssig, weil der Glaubende leben darf aus der Tatsache, die da heißt: Jesus Christus, der Auferstandene.

Die Auferstehung Jesu macht alles gewiß. Sie ist das schlechthinnige Zentralereignis nicht nur der Bibel, sondern der bisherigen Weltgeschichte überhaupt. Nicht weil ich an das leere Grab glaube, glaube ich an den Auferstandenen. Sondern weil ich um die Selbstbezeugung Jesu des Auferstandenen weiß, gehe ich von dort ohne Zweifel zum leeren Grab. Nicht weil ich an die Bibel glaube, glaube ich an den Auferstandenen, sondern weil der Auferstandene lebt und er durch seinen Heiligen Geist seine Jünger lehrte, glaube ich ohne den allergeringsten Zweifel ihrem biblischen Zeugnis.

Nur weil es den Auferstandenen gibt, gibt es auch den Glauben an Jesus. Jesus selber ist der Grund für die Wirklichkeitsgewißheit meines Glaubens, niemals aber ich kleines Menschlein, ich Eintagsfliege. Prof. Julius S c h n i e w i n d sagt so treffend: *„Der Glaube weiß nichts von sich selbst zu sagen."*

Gerade darin liegt aber wieder ein wesentliches Unterscheidungsmerkmal zum Glaubensverständnis der modernen Theologie. Weil die moderne Theologie nur einen blutleeren „kerygmatischen Christus" hat, eine Christus-Idee, aber keine Christus-Person, nicht den biblischen, leibhaftig auferstandenen und darum als Person lebenden Christus, hat sie weder biblischen Glauben noch ein biblisches Geschichtsverständnis. *Der G l a u b e n s zweifel der modernen Theologie ist der uneingestandene Grund für ihren G e s c h i c h t s zweifel. Durch die Preisgabe der persönlichen Beziehung zum auferstandenen Jesus Christus muß sich darum der Glaube das Heil selber schaffen. Das Heil aber besteht in der modernen Theologie — wir betonen es nochmals — im Verwirklichen eines neuen Selbstverständnisses. Wie kümmerlich traurig ist doch solch ein Glaube! Wie herrlich ist dagegen der durch den Heiligen Geist geschenkte Glaube aus der immerwährenden Christuswirklichkeit! Er darf mit dem Apostel allem Zweifel überlegen triumphieren:*

> „Unser Glaube ist der Sieg,
> der die Welt überwunden hat" (1. Joh. 5, 4).

Überflüssig, nun eigens noch herauszustellen, welch ein Frontal-
angriff in einer wohl kaum zu überbietenden Radikalität sei-
tens der modernen Theologie auf die Bibel erfolgt. Wie sehr dies
der Fall ist, geht auch aus nachstehendem hervor:

Beten zu Jesus?

Nie werde ich folgendes Erlebnis vergessen. Es war in Frankfurt.
Ich befand mich dort zu einer Jugendevangelisation in einem
großen weltlichen Saal. Bei der Gelegenheit besuchte mich ein
treuer, werter Bruder, Dr. Paulus Scharpff, Dozent am dortigen theologischen Seminar der Ev. method. Kirche. Er war ein
Mann von einem ganz ungewöhnlich großen Wissen auf dem
Gebiet der Kirchengeschichte. Wir sprachen unter anderem auch
von der modernen Theologie und besonders von Bultmann als
ihrem Hauptvertreter. Mit ihm hatte er während des Studiums
gemeinsam einen theologischen Lehrer. Es war der liberale Prof.
Wilhelm H e r r m a n n. Diesen Lehrer suchte Dr. Scharpff
einmal privat auf, damals noch Student. Im Gespräch mit seinem
Professor kamen sie auch auf das Gebet zu sprechen. Dabei sagte
Prof. Herrmann wörtlich: „W i e ? Z u d i e s e m M e n -
s c h e n J e s u s b e t e n, d e r v o r r u n d 1 9 0 0 J a h -
r e n g e l e b t h a t ? D a s w ä r e g e n a u s o, w i e
w e n n i c h z u m e i n e r v e r s t o r b e n e n G r o ß m u t -
t e r b e t e n w ü r d e. D a s i s t A h n e n k u l t. “

Der damals junge Student war erschüttert! Und ich war es auch,
als ich es aus seinem Munde in Frankfurt hörte.

Welch ein erschreckender Abstand von der Bibel wird hier doch
offenbar! Was sagt sie?

Im Zusammenhang mit der Himmelfahrt lesen wir: „Sie aber
beteten ihn an" (Luk. 24, 52). Gerade das persönliche Gebet zu
Jesus war das wesentliche Unterscheidungsmerkmal der Christen in der Urgemeinde von ihrer heidnischen Umgebung. Deshalb lesen wir in der Apg. 9, 14, daß Saulus von den Hohenpriestern Macht hatte, „zu binden alle, die deinen Namen an-
rufen". Von der Anrufung des Herrennamens berichtet Paulus
wie von etwas völlig Selbstverständlichem, wenn er die Gemeinde in Korinth mit den Worten grüßt: „ . . . den Geheiligten
in Christo Jesu, den berufenen Heiligen samt denen, die anru-
fen den Namen unseres Herrn Jesu Christi an allen ihren und
unseren Orten" (1. Kor. 1, 2).

Nicht weniger eindeutig als das Gebet zu Jesus bezeugt uns die Bibel sein Amt als M i t t l e r und F ü r s p r e c h e r. Hebr. 7, 25: „Er lebt immerdar und bittet für sie." Oder wer kennt nicht das herrliche Wort Römer 8, 34: „Wer will verdammen? Christus ist hier, der gestorben ist, ja, vielmehr, der auch auferweckt ist, welcher ist zur Rechten Gottes und vertritt uns." Nicht weniger als Paulus weiß Johannes um den Priesterdienst Jesu als Brückenbauer und Mittler zwischen Gott und den Menschen: „Und ob jemand sündigt, so haben wir einen Fürsprecher bei dem Vater, Jesum Christum, der gerecht ist" (1. Joh. 2, 1). Durch seine Auferstehung hat er eine immerwährende Heilsgegenwart geschaffen. Durch sie werden wir gewürdigt und geadelt, zu Jesus Christus beten zu dürfen. Der biblische Befund ist also ganz eindeutig. Und die moderne Theologie?

Alles noch so geistvolle Reden von Jesus Christus schießt trotzdem am Ziel vorbei, wenn es nicht einmündet in den großen anbetenden Verherrlichungshymnus: „Heilig, heilig, heilig."

Glaube a n Jesus muß sich immer verwirklichen im Gebet z u Jesus. Geschieht dies nicht, dann wird alles Reden vom Glauben an Jesus trotzdem bloß zu einer klingenden Schelle.

Alle lehrmäßige Aussage über Christus findet ihre Krönung in dem demütigen Bekenntnis: „Derhalben beuge ich meine Knie . . ." Und wo dies nicht der Fall ist, spricht so etwas das Urteil über sich selbst.

Es schmerzt uns darum tief, bei der modernen Theologie erkennen zu müssen, daß dieses Herzstück ausgeklammert wird. Im Verfolg ihres philosophischen Ansatzpunktes verwundert dies zwar nicht.

Das Gebet ist Ausdruck der I c h - D u - B e z i e h u n g zwischen Jesus und dem Glaubenden. B u l t m a n n aber schreibt:

„Jesus ist für uns als Du im Sinne eines Mitmenschen vergangen, wie jedes solche Du für uns vergeht, wenn der Mensch stirbt."

Da es keine Linie zwischen dem historischen Jesus und dem leiblich auferstandenen Jesus Christus für die moderne Theologie gibt, ist mithin das Gebet als Vollzug des persönlichen Verhältnisses zu Jesus gegenstandslos geworden. Denn: „ . . . weder *als menschliche Persönlichkeit kommt Jesus in Frage . . . noch als himmlisches Gotteswesen"*, schreibt Bultmann.

Aber hat denn die Bibel Jesus nicht eindeutig als „Fürsprecher" bezeichnet? Schon, aber diese johanneische Aussage ist „mytho-

logisch formuliert" und Jesus als der „Fürbitter" ist „die mytho-
logische Gestalt". Alles Mythische ist aber als unwissenschaftlich
abzulehnen. In diesem Sinne schreibt auch der Theologe Ernst
F u c h s. Wir sehen, Jünger des liberalen Theologieprofessors
Herrmann gibt es auch heute noch.

*Wir sehen noch mehr: wenn biblische Textaussagen irgendeiner
theologischen Lehrmeinung in klarer Weise widersprechen, dann
werden sie kurzerhand als „mythologisch", „legendär" oder
„unecht" oder als Erzeugnis der nachösterlichen „Gemeindetheologie" abgetan.*

Auch folgendes müssen wir nüchtern sehen:

Das Gebet ist ein Spiegelbild der Gottesvorstellung, die jemand
hat. Da Jesus bei den modernen Theologen in seiner ewigen
Gottheit geleugnet wird, ist es folgerichtig, daß sie nicht zu Jesus beten. Auch H. Zahrnt hat dies von sich gesagt. Aber es gibt
auch moderne Theologen, die — wie wir eingangs sahen —
selbst Gott in seiner Personalität leugnen. So erklärte erst noch
1974 ein Berliner Theologiestudent und ASTA-Sprecher (ASTA
= Allgemeiner Studenten-Ausschuß) in einer öffentlichen Versammlung laut idea vom 18. Februar 1974, „es komme in der
Kirche nicht mehr darauf an, Beziehungen zu einem ominösen
Wesen zu pflegen, sondern die Gesellschaft zu ändern." Darum
sind wir nicht verwundert, daß hier das Gebet überhaupt preisgegeben wird. Sie nennen das allerdings uminterpretieren. Für
solch eine Uminterpretierung gibt uns Gert O t t o ein Beispiel. Ich habe es zwar schon in meinem Buch „Kirche am
Scheideweg" erwähnt. Da es aber bis zur Stunde (18. 3. 1974)
nicht widerrufen wurde, möchte ich es auch an dieser Stelle
als Beleg heranziehen. Über das Gebet sagte er wörtlich:

> „Am Morgen drei Minuten lang darüber nachdenken,
> wie man das, was einem auferlegt ist, so vernünftig und
> anständig wie möglich tun kann — das ist ein Gebet."

Bei Licht besehen heißt das: Das Gebet ist letztlich ein Gespräch mit meinem neuen Selbstverständnis. D a s G e b e t
i s t e i n S e l b s t g e s p r ä c h m i t m e i n e m b e s s e -
r e n I c h. Das Gebet ist ein Sich-selbst-zur-Sprache-bringen.
Das Gebet ist ein Nachdenken über die Pflicht und das Gute,
ist Meditation über sich selbst. Vielleicht sind wir über diese
Sätze entsetzt. Aber sie stimmen. Denn auf Grund des exi-
stenzphilosophischen Ansatzes dieser bibelfremden Theologie
geht es allein um das neue Existenzverständnis. Das aber ist

von einer Ich-Du-Beziehung zu Jesus oder Gott völlig unabhängig. B u l t m a n n sagt: *„Diese Existenz ist aber nur im Glauben wirklich und nicht in einem direkten Verhältnis zu Jesus oder Gott."* Zwar ist auch dieser Satz wegen des biblischen Wortes „Glaube" wieder leicht irreführend. Darum wird die moderne Theologie weithin nicht durchschaut. Wir haben uns bereits mit ihrem Glaubensbegriff befaßt und wissen darum, daß auch hinter diesem Wort wieder einmal keine Deckung steht. So auch nicht hinter dem Wort Gebet, das nichts mit Jesus zu tun hat, sondern von existenzieller Bedeutsamkeit ist.

Wir stellen fest:

> *Wer Jesus Christus als Fürsprecher ablehnt, wer dem Gebet zu Jesus keinen Raum gibt, mag sich wohl noch des Wortschatzes der Heiligen Schrift bedienen, von ihrem Geist ist er aber so weit entfernt wie der Morgen vom Abend.*

Das Irreführende an der modernen Theologie

Zum richtigen Verstehen der modernen Theologie ist folgendes von großer Wichtigkeit:

Wir können nicht oft genug darauf hinweisen, daß die moderne Theologie wohl ständig die biblischen Begriffe gebraucht, sie aber mit völlig anderen Inhalten füllt. Bei einigen Begriffen haben wir uns dies verdeutlicht. Es sei erinnert an die gerade abgehandelten Begriffe Gebet und Glaube, ferner an die Wandlung der Bedeutung Christi und des Kerygmas = der Verkündigung. Dadurch entstehen sehr leicht Irritierungen.

An zwei weiteren Worten wollen wir uns das klar verdeutlichen:

Sohn Gottes und
Entscheidung.

Sohn Gottes

Als Jesus dem sinkenden Petrus geholfen hatte, und er mit Petrus zu den übrigen Jüngern ins Schiff getreten war, „fielen sie vor ihm nieder und sprachen: Du bist wahrlich Gottes Sohn!"

Da ist Paulus. Jesus Christus hat sich ihm vor den Toren der Stadt Damaskus offenbart. Kaum hatte sich die Bekehrung des

Apostels ereignet, da lesen wie über ihn: „Und alsbald predigte er Christum in den Schulen, daß derselbe Gottes Sohn sei" (Apg. 9, 20).

Wer aber war der Sohn Gottes? In unmißverständlicher Deutlichkeit wird uns dies Lukas 1 bei der Verkündigung der Geburt Jesu an Maria durch den Mund des Boten Gottes bezeugt. Wir lesen: „Der Engel antwortete und sprach zu ihr: der heilige Geist wird über dich kommen, und die Kraft des Höchsten wird dich überschatten; darum wird auch das Heilige, das von dir geboren wird, Gottes Sohn genannt werden." J e s u s C h r i - s t u s i s t a l s o G o t t e s S o h n s e i n e r N a t u r n a c h. Was aber macht die moderne Theologie aus ihm?

Heinz Z a h r n t gebraucht zwar den Ausdruck Gottes Sohn, aber er versteht etwas anderes darunter. Er schreibt: „Jesus ist Gottes Sohn nicht auf Grund einer besonderen physischen Beschaffenheit, sondern auf Grund eines besonderen geschichtlichen Verhaltens ... Bei der Gottessohnschaft handelt es sich nicht um Zeugung, sondern um Sendung. Zeugung ist eine naturhafte Sache." Die Bibel aber sagt genau das Gegenteil. Und nicht nur Lukas. Bei Matthäus lesen wir ausdrücklich: „ ... das in ihr (Maria) g e b o r e n ist, das ist vom heiligen Geist" (Matth. 1, 20).

Aber die Bibel ist ja vorwissenschaftlich und sowohl Lukas als auch Matthäus berichten hier Mythologisches. Beide sind darum abzulehnen. Der Ausdruck Gottes Sohn bekommt einen anderen Inhalt. Gottes Sohn wird zu einem „Symbol", so drückt sich Zahrnt aus.

Ebenso erfolgt bei Bultmann eine Inhaltsumprägung. Bei ihm lesen wir: „Soll mit der Bezeichnung Christi als Gottes Sohn seine Natur bezeichnet werden, sein metaphysisches (= übernatürliches) Wesen, oder seine Bedeutsamkeit ...? Reden sie (die Aussagen des Neuen Testamentes) von seiner Physis (= Natur) ...? Aber man darf sagen, daß im Neuen Testament ... die Aussagen über Jesu Göttlichkeit oder Gottheit in der Tat Aussagen sind, die nicht seine N a t u r, sondern seine B e - d e u t s a m k e i t zum Ausdruck bringen wollen." Hier liegt die Gefahr einer zweifachen Irritierung vor: Wir können uns irritieren lassen

1. durch die Berufung auf die Schrift,

2. durch eine inflationsgleiche Umdeutung der Gottheit Jesu

in etwas ohne Deckung, aber bei Beibehaltung des Namens. Es ist nur noch der Klang der Münze, aber nicht mehr die Münze selber. Wenn ich einen Begriff aus der Kirchengeschichte verwenden darf: in der modernen Theologie begegnet uns ein abgewandelter Doketismus. D. h. so viel wie: hinter dem „Sohn Gottes" steht kein Sein, sondern nur ein Schein. Im Gegensatz zum alten und neuen Doketismus betont die Kirche in ihren Bekenntnissen gestern und heute: Jesus Christus ist vere homo und vere deus = wahrer Mensch und wahrer Gott zugleich. Entsprechend bekannte und bekennt die Kirche Christi die sogenannte „Zwei-Naturen-Lehre", d. h. in Jesus Christus ist beides: die göttliche und menschliche Natur. Beide sind unvermengt und doch ungetrennt. Denn beide Naturen sind in der einen Person: Jesus Christus. Wir rühren hier ein Geheimnis an. Aber weil dies Geheimnis eine rationalistische Geisteshaltung übersteigt, gibt die moderne Theologie die Zwei-Naturen-Lehre preis und sagt, „mit der Bezeichnung Christi als Gottes Sohn" sollte nicht seine Natur, sondern seine Bedeutung zum Ausdruck gebracht werden. Aber dies ist unbiblisch. Das neutestamentliche Zeugnis ist eindeutig.

Entscheidung

So ist es auch mit dem Begriff Entscheidung. Sowohl beim Pietismus, wie auch bei der modernen Theologie spielt die Entscheidung eine sehr große Rolle. Trotzdem verstehen beide etwas völlig Verschiedenes darunter.

Die Evangelikalen und der Pietismus machen mit dem biblischen Sachverhalt ernst, daß es keinen echten Glauben an Jesus gibt, ohne daß man sich klar für ihn entschieden hat. Vom verlorenen Sohn heißt es: „Da schlug er in sich. Ich will mich aufmachen und zu meinem Vater gehen." Wenn Christus sagt: „Kommet her zu mir", dann beinhaltet dies eine Entscheidung. K e i n G l a u b e o h n e E n t s c h e i d u n g. B i b l i s c h e n G l a u b e n g i b t e s n i c h t o h n e e i n e n p e r s ö n - l i c h e n W i l l e n s a k t d e r H i n g a b e a n J e s u s C h r i s t u s. Der Glaube schafft durch eine Ganzheitsübergabe eine „totale Situationsänderung der menschlichen Existenz in ihrer Beziehung zu Gott" (Künneth). Mit der Entscheidung ist diese Ganzheitsübergabe an Jesus Christus gemeint. I n d e r B i - b e l v e r b i n d e t s i c h m i t d e r E n t s c h e i d u n g d e r R u f : „T u t B u ß e ! "

Und die moderne Theologie?

Da sie eine entpersonifizierte, eine entpersönlichte Christuslehre hat, geht ihr Ruf auf Entscheidung auch nicht in Richtung auf Christus, sondern in Richtung auf Existenzverwirklichung im philosophischen Sinne. Ich muß mich entscheiden, das Kreuz Christi als mein „e i g e n e s" Kreuz auf mich zu nehmen, so sagte es Ernst Käsemann auf dem Kirchentag in Hannover. Ich muß mich entscheiden nicht zur willentlichen biblischen Erlösung, sondern zur „existentialen Eigentlichkeit", so wird das hier genannt. Christus gilt dabei mit geistreichen und gerade darum verwirrenden Worten nur soviel, als er das Musterbeispiel für vorbildliche Existenzverwirklichung bis zum Tode am Kreuz gegeben hat.

Also: b e i   g l e i c h e n   W o r t e n   v ö l l i g   e n t g e g e n - g e s e t z t e   I n h a l t e. Hierin liegt ein Grund mehr, uns gegenseitig zu mahnen: „Prüfet die Geister!" Wie dringend erforderlich dies ist, habe ich einmal in einer sehr bezeichnenden Weise erlebt. Heinz Z a h r n t hatte über die Hirten von Bethlehem in einer guten und biblisch richtigen Weise einen Artikel geschrieben: Es käme nun darauf an, gleich den Hirten tätig zu werden, nachdem die Engel ihnen erschienen und sie Jesus gesehen hatten.

Und siehe, diesen Artikel konnte man in einem sehr guten evangelisch-pietistischen Blatt mit hoher Auflage wiederfinden. In Wirklichkeit glaubte der Verfasser kein Wort von dem, was uns Lukas über die Engel geschrieben hat, die den Hirten zum Anlaß wurden, nach Bethlehem in den Stall zu eilen. Ja, was die Vertreter der modernen Theologie in ihrer Bibelkritik tatsächlich meinen, das können wir in der „Stimme der Gemeinde" von 1960 lesen. Dort heißt es unter anderem:

„Bethlehem selbst ist, wie die neuere Forschung sagt, nicht der historische, sondern der von einer bestimmten Christologie (Lehre über Christus) beanspruchte Geburtsort ... Die Maria, die hier geschildert wird, ist mit der historischen Mutter Jesu schwerlich identisch (gleichzusetzen) ... Die Hirten auf dem Felde sind symbolisch-repräsentative Gestalten (also nicht wirkliche Hirten. d. Verf.) ... Was übrigbleibt ist — historisch gesehen — ein Trümmerfeld legendärer Brocken, mit denen sich — historisch — nichts mehr aufbauen läßt. Mit anderen Worten: die Weihnachtserzählung ist eine Legende..." Hier zeigt sich die wahre Meinung. Trotzdem kann man aber über Legenden Artikel schreiben und predigen. Genauso, wie man das ja mit jedem Märchen auch machen kann. Man darf nur nicht nach der historischen Tatsächlichkeit fragen. Dazu müssen wir in aller Klarheit feststellen:

> Fällt im Vollzug unserer Verkündigung das biblische Ereignis, dann fällt damit die Verkündigung selber. Anders ausgedrückt: Die Verkündigung der Kirche Jesu Christi wird in dem Augenblick selber zu einer Mythologie und einer Religion unter Religionen, wenn sie nicht auf dem harten Boden historischer Faktizität gründet. Die Bibel sagt darum ausdrücklich: „Wir sind nicht klugen Fabeln (d. h. Mythen) gefolgt."

Es geht an den Lebensnerv der Kirche, wenn sich hier irgendwelche Verschiebungen einschleichen und festsetzen sollten. Und das ist leider in einem erschreckenden Maße der Fall. Die Gefahr der Irritierung weitester Kreise in den Gemeinden ist durch eine Sinnentstellung der biblischen Aussage sehr groß. Darum: Wachet!

Was ist die moderne Theologie?

Ein Vergleich zur liberalen Theologie

Man hört heute sehr oft den Satz, die moderne Theologie sei keine liberale Theologie. Der theologische Liberalismus sei tot. Damit will man beunruhigte Kreise in den Gemeinden besänftigen.

Zweifellos ist es richtig zu sagen, die moderne Theologie sei keine liberale. Die liberale Theologie nahm die Schere zur Hand und schnitt Seite um Seite aus der Bibel heraus. Übrig blieben allgemeine religiöse Wahrheiten, die in allen Religionen der Erde in mehr oder weniger großer Übereinstimmung ausgesprochen wurden. Jesus Christus wurde zu einem „Religionsstifter unter anderen".

Bei der liberalen Theologie wurden also die geschilderten Ereignisse der Bibel preisgegeben. Nun hört und liest man immer wieder, das täte die moderne Theologie nicht.

Und genau das tut sie doch!

Man sagt, das Ereignis sei das Kerygma, die Verkündigung selber. Schon gut, aber Verkündigung — wovon? Verkündigung

— von was? Wenn doch so gut wie keine historischen Ereignisse mehr da sind, wenn sie als „mythologisch", als „unecht", als „Gemeindetheologie" abgetan werden, was will man dann noch groß verkündigen? Da habe ich doch ein trauriges und zugleich schönes Erlebnis gehabt. Ein Quartaner kommt aus der Schule nach Hause und erzählt seinen gläubigen Eltern: „Heute haben wir im Religionsunterricht die Geschichte von der Opferung Isaaks durchgenommen. Unser Studienrat sagte: ‚Diese Geschichte hat sich nicht ereignet. Sie ist eine Kultsage. Es soll mit dieser Sage nur das Vertrauen der Erzväter zu Gott bewiesen werden'." Darauf meinte der Sohn zu seinen Eltern: „*Was hält uns unser Lehrer doch für dumm. Wie kann dies denn ein Beweis für Abrahams Vertrauen sein, wenn die Geschichte gar nicht passiert ist?*" Hinter diesen R e c h e n f e h l e r kommt also schon ein dreizehnjähriger Quartaner. Ich möchte zwar annehmen, daß besagter Studienrat nicht von „beweisen", sondern von verdeutlichen gesprochen hat. Aber die Sache bleibt dieselbe. Welch ein großer Wortaufwand wird doch in der modernen Theologie um die Gleichstellung von Ereignis und Verkündigung gemacht. D. h. die Verkündigung sei das Ereignis. Der Akt der Verkündigung sei das Wesentliche. Das Vergangene sei unwichtig. Diese Lehre von der Gleichstellung zwischen Ereignis und Verkündigung trägt viel zur Vernebelung der Sache bei, weil nämlich das eigentliche ursprüngliche Ereignis, von dem die Bibel berichtet, preisgegeben wird. Wir wollen darum klar und nüchtern bleiben und uns nicht die Sinne durch viele Worte verblenden lassen. Dann ergibt sich folgendes:

Die liberale Theologie lehnte Jesus als Gottes Sohn rundweg ab, die moderne Theologie behält den Begriff bei, aber entleert ihn. Die liberale Theologie leugnete die Welt des Dämonischen. Die moderne Theologie ebenfalls. Bei den liberalen Theologen gab es keine Wiederkunft Christi. Bei den modernen auch nicht. Die alte liberale Schule lehnte den Kreuzestod Jesu als Sühnetod für unsere Sünden ab. Genauso die moderne Theologie, aber mit dem Unterschied, daß sie sehr viel vom Kreuz spricht, aber nicht das Kreuz Christi des Jahres 33 in seiner sündenvergebenden Heilsbedeutung meint, sondern mein Kreuz als Ereignis in meinem Leben. Die leibliche Auferstehung des Herrn gibt es nicht, sagen die alten Liberalen. Die Modernen sind auch in diesem Stück wieder viel gefährlicher, wenn sie lehren, es gibt zwar keine leibliche Auferstehung, aber das Wort Auferstehung behalten wir bei und machen daraus etwas Kerygmatisches. Darum ist es in der heutigen Diskussion so ungeheuer wichtig, den Vertreter der modernen Theologie offen zu fragen: Sie sprechen von der Auferstehung Jesu, meinen Sie die l e i b l i c h e ? Meinen Sie sie als h i s t o r i s c h e s F a k t u m ? Dann wird alles klar und deutlich, denn genau die meint er nicht, wie wir durch Zitate belegten. Genau die aber meint die Heilige Schrift. Die alte liberale Theologie hatte keinen Raum für Wunder, die moderne ebenfalls nicht. Worin bleibt dann noch ein Unterschied zum früheren Liberalismus? Der schrift- und bekenntnisbezogene Professor K ü n n e t h aus Erlangen schreibt darum vortrefflich: „An diesem Punkt wird das Versagen . . . in der Wunderdeutung erschütternd offenkundig. Infolge der anthropozentrischen (= auf den Menschen gerichteten) Verengung ihrer . . . Sicht kommen die Wunderinterpretationen (= Auslegungen) kaum über die Albernheiten des früheren Liberalismus hinaus." Das ist ein klares Wort. Ein ebenso klares Wort sagt Propst Hans A s m u s s e n : „Was die christlichen Lehrinhalte angeht, so war unsere Verkündigung in der Blütezeit Harnacks nicht ‚liberaler‘, als sie heute ist."

Als Tatbestand ergibt sich:

> *Die moderne Theologie unterscheidet sich von der alten liberalen nicht grundsätzlich, sondern nur graduell. Wegen ihrer Begriffsverwirrung ist sie noch gefährlicher als der frühere theologische Liberalismus. Ihre Bibelkritik geht an die Fundamente der Heiligen Schrift und der Bekenntnisse. Die Gemeinde Jesu Christi muß deshalb dringend alarmiert und zur Wachsamkeit gerufen werden.*

Der rationalistische Ansatz der modernen Theologie

Um die moderne Theologie in ihrer bibelkritischen Haltung zu verstehen, wiesen wir wiederholt darauf hin, daß wir niemals ihre geistesgeschichtliche Herkunft aus dem Auge verlieren dürfen. Ob sie mit der modernen Existenzphilosophie oder mit manchen Ansichten der Geschichtsphilosophie in Zusammenhang gebracht wird, ist nicht so entscheidend wie diese eine Tatsache, daß sie mit den beiden genannten einen g e m e i n s a m e n V a t e r hat. Und dieser Vater ist d e r R a t i o n a l i s m u s , besonders im Gewand eines Immanuel Kant. Immanuel Kant schrieb bereits 1793 ein Buch mit dem Titel: „Die Religion innerhalb der Grenzen der bloßen Vernunft." Ich habe es von der ersten bis zur letzten Seite gelesen. I n K a n t l i e g t s c h o n d i e h e u t i g e m o d e r n e T h e o l o g i e i n i h r e m A n s a t z b e s c h l o s s e n . *Schon für Kant gab es keine Of-*

fenbarung und darum keine Jungfrauengeburt Jesu, keine Wunder in seinem Leben, keinen Sühnetod, keine Auferstehung, keine Himmelfahrt, keine Wiederkunft, darum auch kein Gebet zu Jesus. Es ist geistesgeschichtlich einfach unmöglich, diesen rationalistischen Ausgangspunkt der modernen Theologie zu leugnen. Ich glaube sagen zu dürfen, daß alle bisherigen Seiten dieser Schrift dafür einen bescheidenen Beweis geliefert haben. Weil der Rationalismus mit seiner bibelfremden Autonomie Vater der heutigen modernen Theologie ist, müssen wir zur folgenden Konsequenz bereit sein:

Entgegen der unrichtigen Selbstbezeichnung der modernen Theologie als „kerygmatische" Theologie muß sie sachgemäß als neurationalistische Theologie bezeichnet werden.

Wir sind es den Gemeinden schuldig, ihnen in ihren Fragen, was es eigentlich um die moderne Theologie sei, eine bündige und sachgemäße Antwort zu geben. Die moderne Theologie Bultmannscher und nachbultmannscher Prägung ist neurationalistische Theologie mit all den Folgerungen, die sich daraus ergeben.

Eine Folgerung, die die Kirche Christi daraus für sich zu ziehen hat, lautet:

Um so bewußter hat die Gemeinde sich wieder auf die Grundlage ihres Bekenntnisses zu besinnen. Das Urdatum dieses Bekenntnisses ist aber Jesus Christus in seinem Wort, das uns die Heilige Schrift mitteilt.

Was es mit dieser Heiligen Schrift auf sich hat, haben wir jetzt im dritten Teil zu entfalten.

III. Teil
Vom Selbstverständnis der Bibel

Wie versteht die Bibel sich selbst?

Die moderne Theologie wird heute — besonders von der Bekenntnisbewegung „Kein anderes Evangelium" — auch als modernistische Theologie bezeichnet. Mit Recht. Wir können sie auch neurationalistische Theologie nennen. Zwar hat sich diese Bezeichnung nicht durchgesetzt, aber sie ist zutreffend. Weil es uns in diesem Buch auch um eine Freilegung der geistigen Wurzeln geht, können und wollen wir sie in diesem Buch künftighin „n e u r a t i o n a l i s t i s c h e   T h e o l o g i e" nennen. Auf Grund ihrer Geistesverwandtschaft mit der Existenz-Philosophie geht es ihr ganz besonders um das Selbstverständnis des Menschen. Weil es um den Menschen geht und sein naturwissenschaftlich geprägtes Weltbild maßgebend ist, mußte die Bibel dem untergeordnet werden. Dies führt dann zu den Ergebnissen, die wir auf den vorigen Seiten erarbeitet haben.

Die Methode der neurationalistischen Theologie im Umgang mit der Bibel ist aus zwei Gründen falsch:

1. *Um sachgemäß mit der Bibel umzugehen, können wir gar nicht den Ausgangspunkt beim Menschen nehmen, sondern wir müssen ihn bei der Bibel selber nehmen. Es geht um das Selbstverständnis der Bibel und nicht um das Selbstverständnis des Menschen.* Es kommt also auf die richtige Rangordnung an. Um methodisch sauber Theologie zu betreiben, wozu auch der Umgang mit der Bibel gehört, habe ich zu fragen:

Wie versteht die Bibel sich selber?

Oder:

Was sagt sie von sich selbst?

Ich darf sie aber nicht von vornherein in die Zwangsjacke eines naturwissenschaftlich geprägten Weltbildes oder anderer philosophischer Meinungen hineinpressen. Dann ist meine Arbeitsmethode falsch.

Ein Vergleich: Martin Luther im sogenannten Dritten Reich. Um Martin Luther richtig zu verstehen, geht es doch nicht an, ihn von vornherein so zu frisieren, daß er — Vogel friß oder stirb — ein treuer Gefolgsmann des „Führers" wird. Ich muß ihn selbst befragen. Ich muß ihn so verstehen, wie er sich selbst versteht und verstanden wissen will. Das gilt von allen: von

Goethe wie von Nietzsche, von Augustin wie von Pascal. Das gilt erst recht von der Bibel. Es kommt auf das Selbstverständnis der Bibel an.

2. Wenn ich aber danach frage, stelle ich fest, daß die Bibel für sich in Anspruch nimmt, nicht ein Buch unter anderen zu sein. Sie behauptet von sich, mit dem Geist des Einen zu tun zu haben, der Orient und Okzident in seinen starken Händen hält. Sie macht die Inspiration für sich geltend. Das ist der entscheidende Tatbestand, dem wir uns gegenübergestellt sehen. Dies aber hat die neurationalistische Theologie nicht berücksichtigt.

Hierin liegt ihr zweiter methodischer Fehler im Umgang mit der Bibel. Die neurationalistische Theologie hat die Bibel wie jedes andere Buch behandelt. Prof. Willi M a r x s e n sagt: *„Die Inspiration ist ein Postulat".* Dem Zusammenhang nach versteht er die Inspiration als etwas, was nicht zum Wesen der Bibel gehört. Herbert Braun, radikaler neurationalistischer Theologe, leugnet ebenfalls den Inspirationscharakter der Heiligen Schrift. In bezug auf das Neue Testament behauptet er, es stünde von „A bis Z" im vorderasiatischen Literaturstrom. Durch diese völlig falsche Behauptung kommt es zur Ausklammerung der Inspirationstatsache. Dadurch werden von vornherein die Weichen falsch gestellt. Die Bibel ist in ihrer Bedeutung nicht damit ausgelotet, daß sie lediglich für ein vorderasiatisches Literaturprodukt gehalten wird.

Die Bezeugung der Inspiration

Dieser Tatsache der Selbstbezeugung, vom Geiste Gottes durchweht zu sein, begegnen wir in der Schrift durchgängig.

„Und das Wort des Herrn geschah zu . . ." „Der Herr sprach..." Diese Wendung finden wir im Alten Testament sozusagen auf Schritt und Tritt. Jemand will festgestellt haben, daß dieser Bezug auf den Herrn, der da redet und kein stummer Götze ist, wohl an die zweitausend Male in der Bibel vorkommt. Nun, die Zahl mag interessant sein, sie mag auch ruhig viel geringer sein, entscheidend ist die Tatsache der Inspiration als solche. Wer aber diese Tatsache leugnet, verstößt radikal gegen das Selbstverständnis der Heiligen Schrift. Neurationalistische Theologie leugnet sie. Darüber verliert sie erst gar nicht viele Worte. Also stellt sie sich mit ihrem autonomen Geist gegen den Geist der Bibel. Mehr noch: W e r d i e I n s p i r a t i o n l e u g n e t, b e - s c h u l d i g t d i e B i b e l p r a k t i s c h d e r L ü g e. D e n n d i e I n s p i r a t i o n m a c h t m i t d e r T a t - s a c h e e r n s t, d a ß G o t t n i c h t G e f a n g e n e r i n e i n e m g o l d e n e n K ä f i g i s t. G o t t s t e h t m i t s e i n e r W e l t i n K o r r e s p o n d e n z. G o t t r e d e t. „Der Geist sprach zu Philippus: Gehe hin und halte dich zu diesem Wagen" (Apg. 8, 29). „Es sprach der Geist zu Petrus: drei Männer suchen dich; zieh mit ihnen; denn ich habe sie ge- sandt" (Apg. 10, 19—20). An anderer Stelle lesen wir: „Es sprach der heilige Geist: Sondert mir aus Barnabas und Saulus zu dem Werk, dazu ich sie berufen habe" (Apg. 13, 2). Der auf- erstandene Jesus befiehlt dem Johannes siebenmal: „Schreibe dem Engel der Gemeinde . . . , was der Geist der Gemeinde sagt."

Nochmals:

> Wenn wir aus Gott keinen toten Gott machen wollen oder einen Gott, dem wir die Hände binden und verbieten, mit seiner Schöpfung und seinen Menschen in Verbindung zu treten, ich sage, wenn wir es verstanden haben, daß es zum Wesen Gottes einfach gehört, sich auch offenbaren, mittei- len und enthüllen zu können, dann wird uns die Inspiration zu einer frohen Gewißheit.

Wie in den obigen Beispielen der Geist die Menschen bis ins De- tail leiten und „inspirieren" kann, so erst recht, wenn sie seine Botschaft ausrichten sollen. Ausdrücklich sagt darum Jesus vor seinem Abschied, daß er seinen Jüngern den Tröster, den Bei- stand, den Heiligen Geist senden werde. „Der wird euch an alles erinnern, was ich euch gesagt habe . . . Wenn aber jener, der Geist der Wahrheit, kommen wird, der wird euch in alle Wahr- heit leiten."

N e u r a t i o n a l i s t i s c h e T h e o l o g i e g e h t a l s o i n i h r e r B i b e l k r i t i k a n d e m E n t s c h e i d e n d e n v o r b e i, w e n n s i e d i e s e Z u s i c h e r u n g a u c h d e r k ü n f t i g e n G e g e n w a r t d e s H e r r n d u r c h S e i n e n G e i s t l e u g n e t.

Was bereits für die Schreiber des Alten Testamentes gilt, das sollte nicht erst recht für die Schreiber des Neuen Testamentes gelten? Vom Alten Testament schreibt P a u l u s: „Alle Schrift v o n G o t t e i n g e g e b e n, ist nütze . . ." (2. Tim. 3, 16). Der andere Jünger P e t r u s versichert uns ausdrücklich: „Es ist noch keine Weissagung aus menschlichem Willen hervorgebracht, sondern die heiligen Menschen Gottes haben geredet, getrieben von dem heiligen Geist" (2. Petr. 1, 21).

Für die neutestamentliche Situation bezeugt der Apostel Paulus ausdrücklich: „Wir haben nicht empfangen den Geist der Welt, sondern den Geist aus Gott, daß wir wissen können, was uns von Gott gegeben ist, welches wir auch reden, nicht mit Worten, welche menschliche Weisheit lehren, sondern m i t W o r t e n , d i e d e r h e i l i g e G e i s t lehrt und richten geistliche Sachen geistlich" (1. Kor. 2, 12 u. 13). An anderer Stelle lesen wir unmißverständlich deutlich: „Ich tue euch aber kund, liebe Brüder, daß das Evangelium, das von mir gepredigt ist, nicht menschlich ist, denn ich habe es durch die Offenbarung Jesu Christi" (Gal. 1, 11 u. 12).

Wir stehen vor dem Ergebnis: Sowohl das Alte als auch das Neue Testament haben ihren Sonderheitscharakter durch die Tatsache, vom Geist Gottes inspiriert zu sein.

Die Art der Inspiration

Zwar haben wir nun die Selbstbezeugung der Heiligen Schrift vernommen. Die sich daraus aber ergebende schwierige Frage lautet:

In welcher Art und Weise verwirklicht sich denn nun die Inspiration? Es gibt hier im wesentlichen drei Erklärungsversuche. Man unterscheidet:

die Personalinspiration,
die Realinspiration,
die Verbalinspiration.

Die P e r s o n a l i n s p i r a t i o n lehrt, daß die Eingebung des Heiligen Geistes an die jeweiligen Personen ergeht, die Gott zum Dienst des Redens oder Schreibens beruft.

Die R e a l i n s p i r a t i o n denkt an die göttliche Eingebung des sachlichen Inhalts der Offenbarung.

Die V e r b a l i n s p i r a t i o n lehrt die wörtliche Eingebung der einzelnen Schriften der Bibel.

Zunächst dürfte klar sein, daß die Tatsache der Inspiration selbstverständlich die P e r s o n als Träger der Inspiration nicht aus-, sondern einschließt. Ebenso dürfte, wenn man überhaupt die Inspiration nicht von vornherein aus neurationalistischen Gründen ablehnt, Übereinkunft darin bestehen, daß Inspiration von Person und Sache natürlich k e i n e G e g e n s ä t z e bilden, sondern im Gegenteil einander bedingen. Inspiriert kann ja nur jemand von irgend etwas sein. Z. B. Jona. Auf ihn als Person legte Gott seine Hand und trug ihm seine Botschaft der Gerichtsandrohung für Ninive auf. Das war die Sache. Person- und Sachinspiration gehören also wesensmäßig zusammen. Aber:

Wie steht es mit der Verbalinspiration?

Es gab innerhalb der evangelischen Kirche die Zeit der sogenannten O r t h o d o x i e. Sie lehrte eine wörtliche Eingebung der einzelnen Schriften. Dem lag eine tiefe Ehrfurcht vor dem Worte Gottes zugrunde. Davon fehlt uns gerade heute eine ganz gehörige Portion.

Es gab sogar eine B u c h s t a b e n inspirationslehre. Diese strenge Verbalinspirations-Lehre war gekennzeichnet durch eine V e r d i n g l i c h u n g d e r O f f e n b a r u n g, durch eine m e c h a n i s t i s c h verstandene Inspiration. Bekannt ist das Bild vom Griffel. Der Mensch wird hier zum bloßen Griffel. Diese D i k t a t - I n s p i r a t i o n löscht die Individualität. Die Diktat-Inspiration würde folgerichtig einen einheitlichen Stil bei allen Verfassern der Bibel bedingen, denn sie alle wären ja — modern gesprochen — Schreibmaschinen Gottes.

Außerdem: Mit dieser mechanistischen Inspirationsauffassung verbindet sich sehr leicht und sehr oft ein g e s e t z l i c h e r B u c h s t a b e n g l a u b e. Gerade den möchte aber die Bibel nicht, darum sagt sie: „Der Buchstabe tötet, aber der Geist macht lebendig." So wird unter dieser strengen mechanistischen Verbal- und Diktat-Inspirationslehre die Bibel nahe bis an die Seite des mohammedanischen Korans gerückt, der, von Engelhänden geschrieben, dem Propheten übergeben sein soll.

Gottes Weg, sich uns Menschen mitzuteilen, ist aber ein anderer. Er geht den Weg der Erniedrigung und der Herablassung, um sich den Menschen mitzuteilen. W i r m ü s s e n d i e B i b e l s e h e n, w i e w i r J e s u s s e h e n. A u c h i n i h m h a t s i c h G o t t z w a r e n t h ü l l t, a b e r a u c h g l e i c h z e i t i g v e r h ü l l t. E n t h ü l l u n g b e i g l e i c h z e i t i g e r V e r h ü l l u n g i s t d a s G r u n d g e s e t z g ö t t l i c h e r O f f e n b a r u n g. „Er erniedrigte sich selbst und nahm Knechtsgestalt an", lesen wir. So erniedrigte sich auch

Gott in der Bibel und gab uns sein Wort in Knechtsgestalt. Aber wie trotz der Knechtsgestalt unseres Herrn Jesu es dennoch gilt: „welcher ist das Ebenbild Gottes" ... und „in ihm wohnt die ganze Fülle der Gottheit leibhaftig", so gilt dies auch von der Heiligen Schrift.

In einer geheimnisvollen Weise ist die Herrlichkeitsgestalt mit der Knechtsge- stalt ineinander verwoben. Unser kleiner Verstand kann hier kein Seziermesser nehmen und das menschliche Ge- fäß vom göttlichen Inhalt trennen.

Das Problem der Verbalinspiration läßt sich rational nicht lösen. Es würde wesentlich zur gegenseitigen Verständigung aller derer beitragen, die um den Inspirationscharakter der Bibel wissen, wenn sie sich klar werden wollten, daß wir hier ein Geheimnis anrühren. Die Inspi- ration ist ein Wunder. Wunder entziehen sich der intellektuel- len Erklärbarkeit. Mir persönlich wurde es eine Hilfe, das Ge- heimnis der Inspiration mit dem Geheimnis beim Abend- mahl zu vergleichen. Luther läßt dieses Geheimnis voll und ganz stehen und versucht, uns doch so zu helfen, daß er uns die bekannten drei kleinen Wörtchen an die Hand gibt: In, mit und unter den sichtbaren Zeichen von Brot und Wein emp- fangen wir Leib und Blut Christi. Wie das nun im einzelnen vor sich geht, bleibt unberührt. Ist es nicht auch ähnlich so bei der Inspiration? In, mit und unter dem sichtbaren, auf Be- fehl Gottes von Menschen niedergeschriebenen Wort verbirgt sich Sein Wort. Wie das Brot beim Abendmahl dennoch Brot bleibt und sich nicht substantiell verwandelt, aber gleichwohl doch mehr ist als gewöhnliches Brot, so auch bei der Inspiration. „Darum danken wir auch ohne Unterlaß Gott, daß ihr, da ihr empfinget von uns das Wort göttlicher Predigt, es aufnahmt nicht als Menschenwort, sondern, wie es denn wahrhaftig ist, als Gottes Wort", schreibt Paulus (1. Thess. 2, 13). Aber eben doch in Gestalt von Menschenworten, von Worten, empfangen auf der Wellenlänge des Heiligen Geistes, aber doch gleichzeitig durch- blutet vom feurigen Geist des Paulus. Wer die Inspiration nicht rational erklären will — denn dadurch würde er sie gerade nicht erklären — steht dennoch vor der Tatsache:

Es gibt auch Verbalinspiration

Es gibt sie ebenso, wie es die Person- und Realinspiration gibt. Der erhöhte Christus sagt in der Offenbarung: „Ich bezeuge allen, die da hören die W o r t e der Weissagung in diesem Buch: So jemand dazusetzt, so wird Gott zusetzen auf ihn die Plagen, die in diesem Buch geschrieben stehen. Und so jemand davontut von den Worten des Buchs dieser Weissagung, so wird Gott abtun sein Teil vom Holz des Lebens . . ." (Off. 22, 18 u. 19).

Hier ist eindeutig von den „verba", den Worten, die Rede. Und doch ist diese „Verbal"-Inspiration wieder nicht mechanisch, sondern dynamisch, nicht quantitativ, sondern qualitativ, nicht dinghaft, sondern wesenhaft zu verstehen. Wir rühren eben ein Geheimnis an.

Es gibt auch in den biblisch positiven Kreisen nicht wenige, die die Verbalinspiration ablehnen. Aber sie sollten sich die Ablehnung der Verbalinspiration jedenfalls nicht so leicht und einfach machen, wie dies allgemein geschieht. Mich persönlich hat es immer tief bewegt, wenn ich als junger Mensch im Kreis der älteren Brüder sitzen durfte und sie ihre Bibel aufschlugen. Welch eine Schriftkenntnis hatten diese schlichten Väter mit ihren blauen Arbeitskitteln und zerarbeiteten Händen! Männer nach dem Herzen Gottes! Wie standen sie draußen im Leben ihren Mann und wußten sich gegen den Wind irriger Lehre mit den Worten zu wehren: „Es steht geschrieben." Dabei hatten sie eine Treue bis zum einzelnen Wort. Gerade in unserer heutigen Situation sollten wir das Wort Martin L u t h e r s besonders in unserem Herzen bewegen: „Gott ist in allen seinen Worten, ja Silben, wahrhaftig; wer eins nicht glaubt, der glaubt keins. Es muß alles geglaubt sein, wie Christus sagt, Matth. 5, 19. Dort lesen wir: „Wer nun eins von diesen kleinsten Geboten auflöst und lehrt die Leute also, der wird der Kleinste heißen im Himmelreich . . ." Aus dieser Treue zum einzelnen Wort konnten es unsere Väter erleben, wie ihnen dadurch auf schweren Wegstrecken dunklen Leids Kraft und getroste Gewißheit geschenkt wurden.

Als ich dann später im akademischen Hörsaal der Universität saß und Luthers Ringen um Gottes Wort und seine alleinige Autorität nacherlebte, gingen meine Gedanken oft zu den „ungelehrten" Vätern auf ihrer Holzbank. Ich konnte es schier mit den Händen greifen, wie es Fleisch vom gleichen Fleisch war, wenn ein Luther ebenfalls nur die eine Waffe führte: „Es steht geschrieben."

Und doch konnte ich nicht weniger die „Dialektik", das Dynamische der Inspiration mit Händen greifen. Denn dieser gleiche Luther hatte das richtige Wort geprägt von dem, „was Christus treibet". Dieser gleiche Luther konnte bei dem sola scriptura-Prinzip, dem Prinzip: allein die Schrift — doch sagen: „Schlicht und gering sind die Windeln, aber teuer ist der Schatz Christus, der darin liegt."

Bei allem Geöffnetsein für die Knechtsgestalt der Heiligen Schrift hat mich doch folgendes sehr nachdenklich gemacht: Schon öfters konnte ich beobachten, daß treue und gestandene Männer Gottes mit zunehmendem Alter immer mehr zur Verbalinspiration neigen. So sagte z. B. der inzwischen verewigte Pastor Z i l z , weiland Vorsitzender der Deutschen Evangelischen Allianz und Präsident der Europäischen Evangelischen Allianz, zu einem Chrischonabruder: „Du darfst es mir glauben: je älter ich werde, um so wörtlicher nehme ich die Heilige Schrift." Sein Nachfolger in beiden Ämtern, Direktor Paul S c h m i d t früher Berlin, sagte wiederholt zu uns Jüngeren: „Brüder, hütet euch davor, der Schrift gegenüber ins Rutschen zu kommen. Fängt das Rutschen erst an, gibt es kaum noch ein Halten." Das sagen Männer aus reichster Lebenserfahrung. Damit befinden sie sich in den Fußspuren Martin Luthers, der gesagt hat: „Si unum amittimus, omnes amittimus" = wenn wir eins ausbrechen, brechen wir alles aus. Selbst ein noch lebender Theologieprofessor weiß sich immer mehr zur Verbalinspiration hingeführt. Und doch dürfen wir aus der Verbalinspiration niemals ein Diktier-System machen. Keiner der erwähnten Brüder ist in diesen Fehler verfallen.

Fröhliche Unbekümmertheit

Was ist mit der fröhlichen Unbekümmertheit gemeint?

Folgendes:

Weil die Gemeinde um Christus als den Auferstandenen weiß, weiß sie damit um die M i t t e der Schrift: Jesus Christus. Er ist das e i n e Wort Gottes: „Und das Wort ward Fleisch." Als der Auferstandene hat er seine Jünger gelehrt. Mit seinem Heiligen Geist hat er nicht nur im Neuen, sondern auch im Alten Testament Menschen beschlagnahmt und in ein heiliges Muß hineingenommen. Professor Adolf S c h l a t t e r sagt es so wunderbar einfach und darum so treffend, was es mit dieser Beschlagnahme und der damit verbundenen Inspiration auf sich hat. I n s p i r a t i o n „g e s t a l t e t d e n M e n s c h e n s o , d a ß e r G o t t e s W o r t z u s a g e n v e r m a g . "

Punktum! Weil es diese kooperierende Relation, diese gemeinsam verbindende Beziehung zwischen Heiligem Geist und biblischem Verfasser gibt, dürfen wir in bezug auf den biblischen Text fröhlich unbekümmert sein. Was tut es, wenn wir in Lukas 18, 35 lesen: „... da Jesus nahe an Jericho kam, saß e i n Blinder am Wege und bettelte", und bei Matthäus lesen wir in Kapitel 20, Vers 29 u. 30: „Und da sie von Jericho auszogen, folgte Jesus viel Volks nach. Und siehe, z w e i Blinde saßen am Wege." Die Dynamik und Absicht der Inspiration wäre wohl nicht verstanden, wollte man daraus einen der berühmten Widersprüche konstruieren, auf Grund dessen man meint, die Inspiration ablehnen zu können. Wir erinnern uns: die Evangelien wollen ja keine exakte Lebensbeschreibung Jesu geben. Sie wollen zum Glauben an Jesus führen. Jesus als den großen Arzt und damit Jesus in seiner Gottheit und Messianität will uns sowohl der eine als der andere Evangelist zeigen. Darauf kommt es doch an. Ebenso sehr würde aber die Feuerflüssigkeit der Inspiration nicht verstanden, ja, sie würde erstarren, wenn wir nun hergingen und wollten mit Gewalt eine „Harmonisierung" zustande bekommen. *Es gehört zu dieser fröhlichen Unbekümmertheit, scheinbare Unebenheiten nicht krampfhaft zurechtzubiegen, sondern bis zu jenem Tage bei Ihm getrost anstehen zu lassen. Das gilt erst recht für die Variationen bei den Auferstehungsberichten.* Johannes erzählt von e i n e r Frau und z w e i Engeln, Matthäus umgekehrt von z w e i Frauen und e i n e m Engel, der ihnen am Grabe erscheint. Nach dem Evangelisten Johannes ist der Auferstandene seinen Jüngern auch in Jerusalem erschienen. Matthäus hingegen erwähnt Jerusalem nicht, sondern berichtet lediglich von Galiläa, wovon Johannes zwar auch weiß. Überhaupt berichten alle vier Evangelisten von der gleichen Tatsache der Erscheinungen des Auferstandenen. Dadurch wird die Tatsache um so gewisser. Und die Verschiedenheit macht die Evangelien um so glaubwürdiger. So kommt's, daß wir uns sogar über die Abweichungen freuen dürfen. *Künstliche Harmonisierungsversuche haben wir gar nicht nötig. Dafür ist uns die Tatsache, daß es den Auferstandenen gibt, viel zu groß und viel zu entscheidend.* Laß doch ruhig bei Lukas den Schluß des Vaterunsers fehlen: „Denn dein ist das Reich ...", den Matthäus bringt. Laß doch ruhig bei Matthäus im 8. Kapitel Jesus z w e i Besessene im Land der Gadarener heilen und bei Markus im 5. Kapitel nur e i n e n. Nein, wir reden keinem bestimmten Inspirations s y s t e m , auch nicht der *mechanistischen* Verbalinspiration das Wort.

In bezug auf die Inspiration gilt es das Entscheidende zu erkennen. Das Entscheidende ist aber dies: D i e I n s p i r a t i o n steht in wesensmäßigem Zusammenhang mit der Tatsache der Gesamtoffenbarung Gottes. Haben wir dies mit hellen, nüchternen Sinnen gepackt, dann können wir darüber fröhlich springen und in die Hände klatschen. Wir werden uns aber vor Schematisierungen und rationalen Deutungsversuchen des Inspirations v o r g a n g s hüten. Darum gilt noch heutigentags trotz historisch-kritischer Forschung, trotz formgeschichtlicher Schule, trotz neurationalistischer Minimaltheologie ohne Inspiration, aber auch trotz des anderen Extrems einer diktierten Buchstaben-Inspiration, was Inspektor R a p p a r d (1837—1909) von St. Chrischona gesagt hat: „Wir nehmen die Heilige Schrift, wie sie ist. Da wir in der Schrift keine Inspirations l e h r e finden, so stellen auch wir keine Inspirationslehre auf. Wir bleiben mit der ganzen gläubigen Gemeinde dabei, daß der allmächtige, allweise und allgegenwärtige Gott über dem Inhalt seines heiligen Buches gewaltet hat und die Bibel hat werden und bleiben lassen, wie sie ist. Getrieben von dem Heiligen Geiste, haben die heiligen Männer Gottes geredet (2. Petr. 1, 21). W i r ü b e n k e i n e K r i t i k a n d e r B i b e l u n d h a b e n d a f ü r w i c h t i g e G r ü n d e. Unser hochgelobter Herr und Meister, der uns auch in Behandlung der Schrift ein Vorbild ist, hat, so oft er von ihr redete, sie immer voll und ganz anerkannt, wie sie sich gibt."

Dabei wollen wir bleiben.

Ist die Gemeinde Jesu „bibelgläubig"?

In der heutigen Auseinandersetzung kann man öfters den Vorwurf besonders gegen evangelikale Kreise vernehmen, sie hätten eine Bibelgläubigkeit. Es mag als ein Beitrag dazu dienen, einige Steine von der hohen Mauer der Mißverständnisse abzutragen, wenn wir dazu feststellen:

Unter meinen Büchern besitze ich auch eins, das kurz vor dem Ersten Weltkrieg von dem namhaften Evangelisten Jakob V e t - t e r erschien. In diesem sehr wertvollen Buch erschien auch ein Kapitel mit der Überschrift: „Warum ich an die Bibel glaube?" Nun mag jemand einwenden: So können und dürfen wir streng genommen nicht reden. Es gibt nur einen Glauben an den dreieinigen Gott, wie es im Glaubensbekenntnis heißt: „Ich glaube an Gott den Vater, den Allmächtigen, Schöpfer Himmels und der Erde, und an Jesus Christus ..." Wir können aber nicht sagen: Ich glaube an die Bibel. Auch der Satz hält einer strengen Prüfung nicht stand: Ich glaube an den Teufel.

Nun meine ich: Wir wollen uns mühen, uns gegenseitig zu verstehen. Darum sollte keiner demjenigen Falsches unterstellen, der sagt: „Ich glaube an die Bibel." Denn wenn Paulus schreibt: „Ich glaube allem, was geschrieben steht", dann habe ich jedenfalls freudigen Mut, es genauso zu sagen. Jawohl, in dem Sinne bin ich bibelgläubig. Paulus meinte damit aber keine Buchstabenanbetung. Denn „der Buchstabe tötet". Die Bibelgläubigkeit soll ein Ausdruck unbedingten Vertrauens zu der Offenbarungstatsache Gottes sein.

Vielleicht darf ich folgendes persönliche Erlebnis berichten. Eine Theologiestudentin bekam von der Prüfungsstelle ihrer Kirchenleitung den Auftrag, in einer theologischen Examensarbeit die beiden Bücher zu untersuchen und zu vergleichen „Streit um die Bibel" von Prof. Willi Marxsen und dies vorliegende „Alarm um die Bibel". Das führte zu wiederholten schriftlichen Rückfragen der Studentin bei mir. Einmal fragte sie mich ohne Umschweife: „Was verstehen Sie unter Inspiration?" Darauf habe ich in meinem Brief u. a. geantwortet:

„Darunter verstehe ich, was die Selbstbezeugung der Heiligen Schrift hierzu sagt. Und die Schrift sagt z. B. in 2. Tim. 3, 16 nach dem Urtext: ‚Jede von Gottes Geist eingegebene (eingehauchte, durchwehte) Schrift (ist) auch nützlich zur Belehrung, zur Überführung, zur Widerlegung (falscher Lehren), zur Erziehung in der Gerechtigkeit.' Das griechische Wort ‚Graphe' = ‚Schrift' hat bei Paulus immer den Sinn, daß das in der ‚Schrift' gefaßte Wort über alle Zeiten hinweg zur ganzen Gemeinde gesprochen und mit Autorität versehen ist. Das Wort ‚theopneustos' = ‚von Gott eingegeben' besagt: Dasjenige ist ‚Graphe' = ‚Schrift', was durch Gottes Hauch entsteht. Bei Paulus gehören also die Begriffe ‚Schrift' und ‚Von Gott eingehaucht' = d. h. inspiriert unzertrennlich zusammen.

Von dorther möchte ich also mein Verständnis von ‚Inspiration' bestimmt sein lassen. Wenn Paulus schreibt: ‚Ich glaube allem, was geschrieben steht' (Apg. 24, 14), dann ist mir damit der Maßstab für mein Schriftverständnis gegeben und aller subjektiven Deutung enthoben.

Auch in 2. Petr. 1, 21 äußert sich die ‚Schrift' über ihr eigenes Selbstverständnis. Nach dem Grundtext heißt es: ‚... vom hei-

ligen Geist getragen (getrieben) redeten Gottesmenschen' oder:
‚Menschen redeten von Gott her' — nämlich in der Weissagung
der Schrift. Die Inspiration ist also eine Inspiration von Personen, die vom Heiligen Geist durchweht und getrieben waren.
Ja, ich meine damit, was Sie, wertes Fräulein E., vermuten. Ich
meine, ‚daß der Geist bei der Abfassung der Schrift mitgewirkt
hat.' Das ist das Selbstzeugnis der Schrift."

Soweit der Auszug des Briefes.

Auf die eingangs gestellte Frage „Ist die Gemeinde Jesu bibelgläubig?", werden wir also mit gutem Grund antworten dürfen:
*Im Sinne einer Autoritäts- und Vertrauenserklärung gegenüber
dieser Offenbarungsgestalt in Gottes Wort ist die Gemeinde Jesu noch bis auf den heutigen Tag bibelgläubig. Zu dieser Bibelgläubigkeit weiß sie sich auch in weiterer Zukunft bis zum Tag
der Wiederkunft Jesu gerufen.*

Die angegriffenen evangelikalen Kreise wissen sehr wohl um
den Unterschied zwischen der lebendigen Stimme des Wortes
Gottes und einer im Buchladen käuflichen Bibel. Sie wissen aber
auch darum, daß es gerade heute zu einer gefährlichen Sache
werden kann, die i n n e r e Z u s a m m e n g e h ö r i g k e i t
v o n W o r t G o t t e s u n d B i b e l nicht streng beizubehal-
ten. Die evangelikalen Kreise wollen durch ihre Bibelgläubigkeit einer heimlichen oder gar offenen Verflüchtigung des Wortes Gottes entgegenwirken. Die evangelikalen Kreise werden um
so weniger Anlaß haben, von Bibelgläubigkeit zu reden, je
mehr in unserer heutigen Auseinandersetzung zu erkennen ist,
daß Bibel und Wort Gottes so untrennbar zusammengehören,
wie der Wein und der Becher, wie der elektrische Strom und die
Anlage, durch die ich ihn empfange. Und mag die Anlage noch
so alt und noch so unvollkommen sein, trotzdem hätte ich ohne
sie keinen Strom. O h n e B i b e l — k e i n g e s c h r i e b e -
n e s W o r t G o t t e s !

Die dreifache Gestalt des Wortes Gottes

In der Auseinandersetzung mit der neurationalistischen Theologie wird es gut sein, wenn die Verhältnisbestimmung vom
Wort Gottes und der Bibel weiter geklärt wird.

Wir müssen eine dreifache Gestalt des Wortes Gottes unterscheiden:

    1. das geschehene Wort Gottes,

2. das bezeugte Wort Gottes,

3. das geschriebene Wort Gottes.

Das g e s c h e h e n e Wort Gottes ereignete sich in Jesus Christus. „Das Wort ward Fleisch und wohnte unter uns" (Joh. 1, 14). In diesem geschehenen Wort Gottes erfolgt die Selbstmitteilung Gottes in einer geschichtlich klaren und inhaltlich bestimmten Weise. In der neurationalistischen Theologie spricht man zwar auch von „Gottes Wort". Aber das Reden von „Gottes Wort" wird hier zu einer bloß formalen Sache. Zwar versucht man, den „echten" Jesusworten auch Autorität zu geben. Aber dies bleibt völlig unbefriedigend, weil nicht in eindeutiger Weise zu erkennen ist, w a r u m diesen Worten Jesu Autorität zukommt. Das kann uns die neurationalistische Theologie nicht einsichtig machen, da sie weder die Gottessohnschaft, noch die leibliche Auferstehung Jesu kennt. Von Jesus als einem „Zeugen des Glaubens" zu reden, wie dies bei Professor E b e l i n g dauernd geschieht, ist völlig unzureichend und begründet keineswegs die Einzigartigkeit seiner Autorität z. B. vor den Aposteln und Propheten.

Das b e z e u g t e Wort Gottes wurzelt in dem: „Das da von Anfang war, das wir gehört haben, das wir gesehen haben mit unseren Augen, das wir beschaut haben und unsere Hände betastet haben, vom Wort des Lebens — ... das verkündigen wir euch" (1. Joh. 1, 1 u. 3). Diese Bezeugung von Jesus als dem „Wort des Lebens" ist nur möglich durch den Heiligen Geist. *Der Heilige Geist ist der Geist dieser Selbstmitteilung und -enthüllung Gottes. Er schlägt die Brücke von den alttestamentlichen Propheten zu den neutestamentlichen Aposteln, von der alttestamentlichen Verheißung zu der neutestamentlichen Erfüllung.* Beides ist bezeugendes Wort Gottes. „Nachdem vorzeiten Gott manchmal und auf mancherlei Weise geredet hat zu den Vätern ..." (Hebr. 1, 1). Offenbarung Gottes geschieht nicht in der Musik, sondern im Wort.

Die dritte Gestalt des Wortes Gottes ist das g e s c h r i e b e n e Wort. *Das geschriebene Wort ist das Dokument des Zeugnisses von Jesus Christus, und zwar als Vorausschau im Alten Testament und Rückschau in den neutestamentlichen Evangelien und Briefen.* Wir lesen: „Auch viele andere Zeichen tat Jesus vor seinen Jüngern, die nicht geschrieben sind in diesem Buch. Diese aber sind geschrieben, daß ihr glaubet, Jesus sei Christus, der Sohn Gottes, und daß ihr durch den Glauben das Leben habet in seinem Namen" (Joh. 20, 30—31). Auch hier ist es wieder der

Heilige Geist, der bei der Niederlegung des geschriebenen Wortes als dritte Gestalt für eine g e n a u e E n t s p r e c h u n g m i t d e r e r s t e n G e s t a l t gesorgt hat. „Alle Schrift von Gott eingegeben . . ."

Diese drei verschiedenen Gestalten des Wortes Gottes stehen untereinander in einem gegenseitigen „ V i k a r i a t s v e r h ä l t - n i s " (Karl Barth), in einem Verhältnis des inneren Bezuges durch die immerwährende Gegenwart unseres hochgelobten Herrn.

Überflüssig zu erwähnen, daß der neurationalistischen Theologie dieses Verständnis von der dreifachen Gestalt des Wortes Gottes völlig abgeht. Wer nichts vom Heiligen Geist weiß, nichts von der Präexistenz Jesu, nichts von seiner leiblichen Auferstehung als der Bezwingung von Sünde, Tod und Hölle, wie kann der vom Worte Gottes im Zeugnis der Bibel wissen.

„Welchen Stellenwert haben die Fundamentalisten in unserer Zeit?"

Ich darf mir gestatten, wieder ein Erlebnis einzublenden. In der „Deutschen Zeitung/Christ und Welt" erschien in der Nummer 4/1973 ein Artikel unter der ungerechten und verletzenden Überschrift: „Die den Himmel gepachtet haben . . ." Damit waren die Fundamentalisten gemeint. Wie es sich später herausstellte, stammte diese Überschrift aber nicht vom Verfasser des Artikels Gotthold M ü l l e r , Ordinarius für evangelische Theologie an der Universität Würzburg. Vielmehr hatte der Verfasser seinem Artikel die obige Überschrift gegeben: „Welchen Stellenwert haben die Fundamentalisten in unserer Zeit?" Gleichwohl enthielt dieser Artikel viele unrichtige Vorwürfe gegen die Fundamentalisten. Z. B.

daß sie ein „prinzipiell un-evangelisches Bibelverständnis" hätten,

daß sie „in sich selber heillos zerrissen seien",

daß sie vor der „wissenschaftlichen Theologie speziell in ihrer historisch-kritischen Gestalt" warnten,

daß sie sich „auf Positionen des Mittelalters und der frühen Neuzeit" bezögen,

daß der Fundamentalismus „die Berührung und Auseinandersetzung mit der Aufklärung scheut", daß der Fundamentalismus „in seinem Verhältnis zur modernen Naturwissenschaft am meisten ins Hintertreffen geraten" ist.

In Summa: „Fundamentalismus ist . . . ‚Protest gegen alles Neuartige‘." Da der Artikelschreiber jemanden und mich namentlich als „ausgesprochene Fundamentalisten" bezeichnete, muß ich ja wohl legitimiert sein, dazu kurz Stellung zu nehmen. Ich darf mich dabei zum Teil auf einen Entgegnungsartikel beziehen, der in dem bekannten evangelischen Monatsblatt „Licht und Leben" im Mai 1973, aber auch in der „Deutschen Zeitung/Christ und Welt" unter der Überschrift „Gegen Verzerrung und Kästchen-Methode. Plädoyer für die Fundamentalisten" erschienen ist.

Plädoyer

1. Reformatorische Theologie

Fundamentalisten können dem Satz nicht beipflichten, den Gotthold Müller schreibt: „Inhaltlich betrachtet liegt aber ein tiefer Graben zwischen der reformatorischen Theologie des 16. Jahrhunderts und den ‚Fundamentalisten‘." Nein, es liegt kein Graben zwischen ihnen. Denn angesichts der starken Betonung der Heilsbedeutung Jesu weiß sich der Fundamentalismus ganz im Erbgang der reformatorischen Theologie.

So schrieb z. B. der vollmächtige Evangelist und Begründer der Deutschen Zeltmission, Jakob *Vetter* (gest. 1918), ein Mann, den der Verfasser des Artikels sicherlich auch zum Fundamentalismus zählen würde, das Buch „Das heilige Blut." Diese darin zum Ausdruck gekommene Bluttheologie stimmt überein mit Martin *Luthers* Bekenntnis: „Wenn es nicht Gottes Blut ist, das am Kreuz geflossen ist, dann ist die Hölle nicht zerbrochen." Graf *Zinzendorf*, der zeitlich zwischen Reformation und unserem Jahrhundert steht, hat in seinem Liedvers bekannt:

„Christi Blut und Gerechtigkeit,
das ist mein Schmuck und Ehrenkleid,
damit will ich vor Gott bestehn,
wenn ich zum Himmel werd eingehn."

Es liegt kein Graben zwischen Reformation und Fundamentalismus, wohl aber zwischen Reformation und neurationalistischer Theologie, weil sie die Heilsbedeutung des Blutes und Opfertodes Jesu leugnet.

2. Bibelverständnis

In dem Artikel wird ferner dem Fundamentalismus das Zeugnis ausgestellt, ein „prinzipiell un-evangelisches Bibelverständnis, in dessen Mitte in jedem Fall die Behauptung einer sogenannten ‚Verbalinspiration' der biblischen Urkunden steht", zu haben.

Wir wollen an dieser Stelle nicht wiederholen, was wir auf den Seiten dieses Buches bereits zur Bibelfrage und Verbalinspiration gesagt haben. Aber erwähnen müssen wir, daß der Vorwurf gegen den Fundamentalismus, er habe ein „prinzipiell un-evangelisches Bibelverständnis", die Dinge direkt auf den Kopf stellt. Denn das prinzipiell evangelische Bibelverständnis besteht jedenfalls darin, daß die Bibel die norma normans (maßgebende Norm) bildet. Genau das zu sagen, liegt dem Fundamentalismus am Herzen. Das prinzipiell evangelische Bibelverständnis bezeugt, daß die Heilige Schrift eine in sich selbst begründete auctoritas (Autorität) hat. Genau das zu sagen, liegt dem Fundamentalismus am Herzen. Zum prinzipiell evangelischen Bibelverständnis gehört der reformatorische Grundsatz „sola scriptura" (allein die Schrift) und „scriptum est" (es steht geschrieben). Auch dies noch heute zu betonen, sieht besonders der Fundamentalismus als seine Aufgabe an.

Der Fundamentalismus hat durch seine Treue zur Heiligen Schrift nie zur Entchristlichung und Auswanderung der Menschen aus der Kirche beigetragen, wie dies z. B. durch die Bibelkritik der modernistischen Theologie der Fall war und ist.

Selbst der Artikelschreiber muß zugeben, daß „sie (die fundamentalistischen Kreise) in ihren Schulen und Anstalten nach wie vor keinen oder nur geringen Nachwuchsmangel haben. Und daß ihre Predigten oft von mehr Menschen besucht werden, als diejenigen sogenannter ‚moderner Pfarrer'." Wie kommt das wohl? Es verlohnt sich darüber nachzudenken und nicht eilfertig mit irgendwelchen psychologischen Erklärungen bei der Hand zu sein.

3. „Prinzipielle Anti-Haltung"

Um eine gröbliche Verzerrung handelt es sich auch, wenn der Schreiber von einer „prinzipiellen Anti-Haltung" schreibt: „Fundamentalismus ist ... eine ... Frömmigkeitshaltung, die man im weitesten Sinne als ‚Protest gegen alles Neuartige' bezeichnen könnte... Geistesgeschichtlich gehört sie in einen Raum, der die Berührung und Auseinandersetzung mit der Aufklärung scheut..."

Das stimmt einfach nicht. Allein schon was meinen bescheidenen Dienst betrifft, so widerlegt bereits die Existenz dieses Buches die Behauptung, der Fundamentalismus würde „die Berührung und Auseinandersetzung mit der Aufklärung scheuen." Erst recht scheut die in diesem Artikel erwähnte Bekenntnisbewegung die Auseinandersetzung nicht. Es stimmt allerdings die Feststellung: „Ihr schlossen sich fundamentalistische Kreise an."

4. Naturwissenschaft

Professor Gotthold Müller schreibt: „In seinem Verhältnis zur modernen Naturwissenschaft ist der Fundamentalismus am meisten ins Hintertreffen geraten."

Auch dieser Satz ist objektiv falsch. Richtig ist folgendes: Als es den Begriff Fundamentalisten in der Kirchengeschichte noch nicht gab — 1920 taucht er erstmals in New York auf — haben allerdings bereits „Fundamentalisten" gegen die Inthronisierung protestiert, Raum, Zeit, Materie und Kausalgesetz zu den vier „Absoluta" zu proklamieren.

Heute wissen wir: Sie haben recht gehabt; denn die Naturwissenschaft gibt zu, sich geirrt zu haben. Sie selbst hat deshalb die vier „Absoluta" entthront.

Ins „Hintertreffen" sind diejenigen geraten, die auch heute noch die vier „Absoluta" und den aus ihnen abgeleiteten Geschichtsimmanentismus vertreten. Und das tut die modernistische Theologie.

Es ließe sich zu dem Artikel sehr viel sagen. Aber jetzt nur noch eins: Wenn Theologieprofessor Müller meint, daß sich mit dem Wort „Fundamentalismus" eine „schillernde Unbestimmtheit" verbindet und der Fundamentalismus damit das „Schicksal von Schlagwörtern wie ‚Konservativismus, Liberalismus, Modernismus, Orthodoxie, Pietismus'" teile, dann darf er doch dies wissen:

Fundamentalisten sind Christen,

> die ungebrochen zur ganzen Heiligen Schrift stehen,
> die jede Bibelkritik ablehnen, weil Bibelkritik Sachkritik ist,
> die das Wort der Heiligen Schrift so nehmen, wie es dasteht,
> also in seinem historischen Ereignisstil auch in bezug auf
> die Wunderberichte, ein Ereignisstil, der übrigens auch von
> der Warte der Profanhistoriker als zutreffend bestätigt
> wird.*

---

*) Vergleiche hierzu: Hugo Staudinger: Die historische Glaubwürdigkeit der Evangelien. Gladbeck, dritte Auflage 1974.

Fundamentalisten sind Christen, die um die Hagiographen als Beauftragte Gottes wissen,

die Jesus Christus als das Fundament ihres Glaubens bekennen, denn „einen anderen Grund (Fundament) kann niemand legen, außer dem, der gelegt ist, welcher ist Jesus Christus" (1. Kor. 3, 11). Bei diesem Grund möchten die Fundamentalisten bleiben.

„Die Bibel ist Gottes Wort und nicht: sie enthält Gottes Wort"

Auch um diese programmatische These geht es in der heutigen Auseinandersetzung. Wie ist dieser Satz zu verstehen, der von der Gemeinde Jesu bis zur Stunde durch alle Wirren und Kämpfe aufrecht erhalten wird?

Die Bibel ist darum Gottes Wort, weil wir immer und immer wieder diesen direkten Bezug auf Gottes Geist, der hinter dem Gesprochenen und Geschriebenen steht, feststellen mußten: „Und der Herr sprach: . . ." Diese Tatsache hebt aber die andere nicht auf, daß es nicht doch gewissermaßen einen hierarchischen (= stufenmäßigen) Aufbau in bezug auf die C h r i s t u s n ä h e der einzelnen Worte und Schriftabschnitte der Bibel gäbe. Damit ist folgendes gemeint:

Hier ist ein Wort von Jesus selbst: „Also hat Gott die Welt geliebt, daß er seinen eingeborenen Sohn gab, auf daß alle, die an ihn glauben, nicht verloren werden, sondern das ewige Leben haben" (Joh. 3, 16)! Dieses Wort ist ein Zentralwort aus dem Munde dessen, der die menschgewordene Wahrheit ist.

Jetzt ein Wort des Apostels Paulus: „Das ist gewißlich wahr und ein teuerwertes Wort, daß Christus Jesus gekommen ist in die Welt, die Sünder selig zu machen." Auch dies ist ein Zentralwort und steht in allerdichtester Christusnähe.

Der gleiche Paulus hat aber auch geschrieben, daß man ihm seinen Mantel mitbringen und Timotheus wegen seines Magens ein wenig Wein nehmen solle. Keiner wird behaupten, daß dies Wort der Bibel die gleiche Christusnähe und Heilsbedeutung habe, wie die beiden erstgenannten.

Oder hier ein alttestamentliches Wort.

Ohne besondere Wahl schlage ich 3. Mose 14 auf. Dort lesen wir in Vers 1 und 2: „Und der Herr redete mit Mose und sprach: Das ist das Gesetz über den Aussätzigen, wenn er soll gereinigt werden. Er soll zum Priester kommen . . ." Auch dies hat keine unmittelbare Christusnähe, obwohl es eingeleitet wird mit den Worten: „Und der Herr redete." Und doch kommt auch diesem Wort die Qualität zu, Gottes Wort zu sein.

Wie ist es aber mit ganzen Partien aus den Geschichtsbüchern: aus Chronika, Esther oder aus den Lehrbüchern wie dem Hohenlied Salomo, wo wir es nicht mit einem unmittelbaren Reden Gottes in durchgängiger Weise zu tun haben? Sind sie kein Wort Gottes? Das ist die entscheidende Frage. Obwohl sie nicht die gleiche Christusnähe haben wie die angeführten, sind sie trotzdem Wort Gottes. Wieso?

Der große und tiefgläubige Theologe Adolf S c h l a t t e r hat dies sehr einleuchtend erklärt. Er weist darauf hin, daß trotz allem in jedem dieser Worte sich mir Christus offenbaren und mich jedes dieser Worte zu ihm führen kann. Prof. Karl B a r t h sagt von der Heiligen Schrift, sie sei wie „Jesus Christus selber — wahrer Gott und wahrer Mensch". Darum kann auch er sagen: die Bibel i s t Gottes Wort. Hier in den erwähnten alttestamentlichen Partien sahen wir besonders das Menschenwort im Gotteswort. Aber die besondere „Gehorsamsstellung" (Karl Barth) der biblischen Verfasser und Gottes „Selbsterschließung" (Karl Barth) macht auch dies zum Wort Gottes.

Wir sind der Überzeugung, daß es wesentlich zum gegenseitigen Verstehen im Bibelgespräch beitragen wird, wenn sich alle, die sich zur biblischen Selbstauffassung der Heiligen Schrift bekennen, einen Blick für folgende S p a n n u n g bekommen:

Einmal gilt das Prinzip: Die Bibel ist Gottes Wort und nicht: sie enthält Gottes Wort; denn die letztere Satzhälfte widerstrebt dem Selbstverständnis der Schrift. Außerdem würden wir sonst in ein ganz gefährliches Rutschen hineinkommen und fragen müssen, wo, auf welchen Seiten, in welchen Stellen „enthält" sie denn Wort Gottes und wo „enthält" sie es nicht? Die Bibel von vorne bis hinten ist und bleibt das Fundament.

Zum andern gilt ebenfalls das Prinzip „w a s C h r i s t u m t r e i b e t". Damit ist der Gedanke der unterschiedlichen Christusnähe gewahrt. Diese Christusnähe ist aber etwas Dynamisches, Lebendiges. Ich von mir aus kann keine verbindlichen Zensuren über die einzelnen Grade erteilen. Das, „was Christum treibet", läßt sich an keiner Textstelle in Prozenten ausdrücken. Sein Heiliger Geist kann auch das nach menschlichem Ermessen fernliegendste Wort zum Aufleuchten bringen und zum Christusträger machen. Auch Stellen der Heiligen Schrift, die die Verderbtheit der menschlichen Natur ungeschminkt aufzeigen. Gerade auf diesem Hintergrund wird die Erlösungsnotwendigkeit durch Jesus Christus besonders deutlich. Z. B. im Blick auf die über den Feind ausgerufenen Vergeltungsworte: „Niemand erbarme sich seiner Waisen. Seine Nachkommen müssen ausgerottet werden" (Psalm 109, 12—13). Oder: „Wohl dem, der deine jungen Kinder nimmt und zerschmettert sie an dem Stein" (Psalm 137, 9)! Jesus hingegen lehrt uns: „Liebet eure Feinde." Trotzdem sind diese Worte nach Gottes Willen in der Bibel. Und wahrscheinlich deshalb, um uns das sündige Menschenherz zu zeigen, mehr noch — m e i n Herz, m e i n e Verderbtheit, m e i n e Erlösungsbedürftigkeit. Brauchen wir ein Bild. Vergleichen wir die einzelnen Verse und Texteinheiten mit vielen, vielen Punkten in einem Kreis. Der Mittelpunkt des Kreises ist Christus. Mag auch ein Punkt ganz am Rande liegen im Unterschied zu einem nah bei der Mitte liegenden, so führt doch auch von ihm eine gerade Linie zum Mittelpunkt: Christus. Er ist die perspektivische Mitte. Von Ihm fällt Licht auch in die finsterste Nacht der Gottesferne. Daß es diese Nacht gibt, davon berichtet uns die Bibel. Darum ist alles in ihr Gottes Wort.

Wenn wir die w e s e n s m ä ß i g e S p a n n u n g zwischen dem richtigen Grundsatz von dem „was Christus treibet" und der anderen richtigen Erkenntnis „die Bibel ist Gottes Wort" verstanden haben, dann hören wir auch auf, das e i n e W o r t G o t t e s , nämlich Jesus Christus, gegen „Worte Gottes" auszuspielen. Wir müssen leider sehr oft erleben, daß man über dem Spannungsverhältnis zwischen dem „einen Wort" und den „Worten" ernsthaft zu Fall kommt.

Die Bibelkritik ist nicht haltbar

Viel gegenseitiges Mißverstehen erwächst auch aus dem Streit um das Stichwort Bibelkritik. Der eine versteht darunter dies, der andere jenes. Weil man verschiedenes darunter versteht, sagt der eine zur Bibelkritik ja, der andere nein.

Was ist mit Bibelkritik n i c h t gemeint? Ich las einmal, daß es bereits Bibelkritik sei, wenn sich einer statt für diese, für jene Bibelübersetzung entscheidet. Damit sollte gesagt werden, daß jeder Bibelleser auch ein Bibelkritiker sei. Die Absicht war, durch die Begriffsausweitung und -aufweichung das Angriffsschwert der Gemeinde Jesu zur Bibelkritik zu entschärfen. Aber so etwas versteht die Gemeinde Jesu nicht unter Bibelkritik. Auch nicht den denkenden, urteilenden Umgang mit der Bibel, auch nicht das Bemühen, die Bibel zu „verstehen". „Sie forschten täglich in der Schrift, ob es sich also verhielte", lesen wir in der Bibel selber. Das ist also wahrhaftig nicht mit Bibelkritik gemeint. Nein, *unter Bibelkritik versteht die Gemeinde Jesu solch einen Umgang mit der Bibel, der von der hohen Warte einer selbstgemachten Weltanschauung herkommt, einer autonomen Vernunft, die sich selber oder den sogenannten „gesunden Menschenverstand" zum Maßstab erhebt. B i b e l k r i t i k   l i e g t   d a n n v o r ,   w e n n   d e r   U m g a n g   m i t   d e r   B i b e l   z u   e i n e r   m a t e r i a l e n   u n d   i n h a l t l i c h e n   V e r ä n d e r u n g   d e s   T e x t e s   f ü h r t .   Materiale und inhaltliche Veränderung liegen dann vor, wenn ich z. B. sage: Weil die Geschichte von der Stillung des Sturmes durch Jesus in einer ähnlichen Form bereits in der jüdischen Literatur vorkommt, darum hat sich das Seewunder durch Jesus nie ereignet.* Das ist glatte Bibelkritik. Die selbstgezimmerte These — es darf keine Analogie (= keine Entsprechung) geben — ist ein willkürlich gemachter Grundsatz, der sich nicht vom Selbstverständnis der Heiligen Schrift ableitet und außerdem auch mit Wissenschaft nichts zu tun hat. V o n   B i b e l k r i t i k s p r i c h t   d i e   G e m e i n d e   d a n n ,   w e n n   j e m a n d h e r g e h t   u n d   z. B.   e r k l ä r t :   d i e s e   W o r t e   J e s u o d e r   d i e s e   S t e l l e n   s i n d   e c h t ,   j e n e   u n e c h t u n d   d i e   ü b r i g e n   w a h r s c h e i n l i c h   u n e c h t .

Damit muß auch das Zweite gesagt werden. Weil hinter der bekannten historisch-kritischen Forschung eine Weltanschauung steht, sind diejenigen „Resultate" der historisch-kritischen Forschung abzulehnen, die sich aus irgendeiner Weltanschauung ergeben. D. h. mit anderen Worten: *Bibelkritik liegt vor, wenn die historische Forschung zur historisch-kritischen Forschung wird und sich so einer Grenzüberschreitung schuldig macht, die dann ebenfalls zu einer materialen und inhaltlichen Veränderung der Bibel führt.* Von einer materialen und inhaltlichen Textänderung sagt der erhöhte Jesus Christus aber im letzten Buch der Bibel ausdrücklich — wir weisen noch einmal mit Nachdruck darauf hin —: „So jemand dazusetzt, so wird Gott zusetzen auf ihn die Plagen ... und so jemand davontut von den Worten des Buches dieser Weissagungen, so wird Gott abtun sein Teil vom Holz des Lebens ..." (Offbg. 22, 18 u. 19). *Wir glauben dem Text wahrhaftig keine Gewalt anzutun, wenn wir seinem Nein zur materialen Textänderung ein Nein zur Bibelkritik entnehmen.* Folgender Satz Prof. K ä s e m a n n s läßt eindeutig die Haltung der Bibelkritik erkennen:

„Unsere Evangelien waren ja noch des guten Glaubens, weithin zuverlässige Tradition über den irdischen Herrn zu besitzen. Die historische Kritik hat uns diesen Glauben zerschlagen." Damit wird an die Stelle der Bibel die historische Kritik zum Maßstab und zur Richterin dessen erhoben, was in der Bibel zu gelten hat und was nicht. Und genau dies ist die Haltung der Bibelkritik.

Können wir denn wenigstens der historischen Kritik Vertrauen schenken? Wir schnitten schon früher diese Frage an. Wir mußten sie verneinen. Professor Käsemann muß selbst zugeben, daß „wir ... schlechterdings keinerlei formale Kriterien (= Unterscheidungsmerkmale) zur Herstellung des authentischen Jesusgutes besitzen." Von der Formgeschichte, also dem Bemühen, die Formen und Gestaltungsarten der Texte miteinander zu vergleichen und dadurch zu Schlußfolgerungen über ihren „Sitz im Leben", ihre Echtheit etc. zu kommen, muß er ebenfalls gestehen: „Völlig im Stich läßt aber auch sie uns, wenn wir nach formalen Kennzeichen des authentischen Jesusgutes fragen."

Ist das nicht höchst kümmerlich? Und auf solch einem Flugsand sollen wir das Haus unseres Bibelvertrauens bauen? Nein!

Im Blick auf die Ergebnislosigkeit, wie auch auf die sich widersprechenden „Forschungserkenntnisse" können wir nur sagen: a l s o b l e i b e n w i r g e t r o s t b e i d e m , w a s u n s d i e E v a n g e l i s t e n b e r i c h t e t h a b e n. *Wir sind der Meinung: es stünde der neurationalistischen Theologie in der von ihr praktizierten historisch-kritischen Forschung sehr gut zu Gesicht, wenn sie gegen sich selbst etwas kritischer sein würde. Denn bis jetzt steht man unter dem peinlichen Eindruck, daß der zusammengeschrumpfte sogenannte „historische Jesus" lediglich der Jesus dieser Historiker ist.* Prof. Karl B a r t h sagt in Abwandlung eines Nietzsche-Wortes: *„Kritischer müßten mir die Historisch-Kritischen sein ..."*

D i e B i b e l k r i t i k h a t d e n G e i s t d e s R a t i o n a l i s m u s i n i h r e m B l u t. U n d d e r i s t w a h r h a f t i g n i c h t d e r G e i s t d e r B i b e l. *Aus diesem Grunde sagen wir zur Bibelkritik ein klares und unaufgebbares Nein. Wir bleiben bei einem völlig ungetrübten Vertrauen zur Heiligen Schrift. Dieses Vertrauen hat die Gemeinde Jesu Christi noch nie enttäuscht. Durch die weiten Räume der Jahrhunderte bezeugt sie es froh:*

„Wir haben desto fester das prophetische Wort, und ihr tut wohl, daß ihr darauf achtet als auf ein Licht, das da scheint in einem dunklen Ort, bis der Tag anbreche und der Morgenstern aufgehe in euren Herzen" (2. Petr. 1, 19).

Ist die Erhellung der biblischen Vorgeschichte notwendig?

Heute begegnen wir einem bienenhaften Fleiß in dem Bemühen, die Zeit v o r der endgültigen Zusammenstellung des Neuen Testamentes zu erhellen. Es ist also die Zeit der Vorgeschichte des Neuen Testamentes. Wir schrieben bereits einiges darüber. Um das oft recht heftige und voreingenommene Gespräch um die Bibel zu entschärfen, ist es gut, noch auf einiges hinzuweisen.

Zunächst: Für das Bemühen um die Erhellung der Vorgeschichte ist jedermann dankbar, der die Heilige Schrift lieb hat. Über diesem guten und berechtigten Eifer darf aber eine sehr wichtige Frage nicht vergessen werden:

Wird denn überhaupt viel dabei herauskommen?

Ich erinnere mich noch sehr gut an folgendes kleine Erlebnis: Von 1934 bis 1938 war ich auf der Missionsschule St. Chrischona bei Basel. Unser von allen Schülern sehr geschätzter Direktor, Friedrich V e i e l, nahm mit uns die Briefe des Apostels Paulus an die Korinther durch. Dabei kamen wir auch auf die sogenannten „Einleitungsfragen" zu sprechen. Also Fragen, die sich mit den damaligen Umständen, der Umwelt, der Gemeindesituation der Korinther usw. beschäftigten. Paulus nimmt in seinem Brief auch noch auf einen oder gar zwei andere Briefe Bezug, die er den Korinthern außerdem noch geschrieben hat. Von diesen Briefen ist keine Spur vorhanden. Hätten wir sie, so würde dann in die korinthische Gemeindesituation für uns vielleicht manches Licht fallen. Wie war es genauer mit den Parteiungen in Korinth? Wie genauer mit den sogenannten Liebesmahlen, wie mit diesem, wie mit jenem? Hat Paulus die Jungfrauengeburt mit direkten Worten bezeugt? Wir wüßten es gerne, aber wir wissen es nun einmal nicht. Ich vergesse nicht, wie in diesem Zusammenhang unser Direktor sagte: „Uns fehlt eben die alte Frau von Korinth." Das war sehr treffend. Es machte uns deutlich: Hätten wir die alte Frau von der damaligen Gemeinde, die alles genau miterlebt hatte, dann könnte sie uns erzählen und wir wüßten alles genau. Z. B.: was Paulus ihnen vom „historischen Jesus" und seinen Erdentagen verkündigt hat, als er seinen Missionsgemeinden „Christus Jesus vor die Augen gemalt (hat), als wäre er unter euch gekreuzigt" (Gal. 3, 1). Paulus hat ja die ganzen Jahre seines apostolischen Wirkens draußen bei den Gemeinden verbracht und war viele Monate in Korinth. Darum sind die beiden Briefe ja nur ein ganz bescheidener B r u c h t e i l von dem, was er den Korinthern alles verkündigt hat. Die neurationalistischen Theologen scheinen diesen Tatbestand aus den Augen verloren zu haben, wenn sie z. B. folgern, für Paulus habe es keine Jungfrauengeburt Jesu gegeben, weil er in seinen Briefen darauf nicht eingehe. Wir können nur fragen: Haben sie sich bei der „alten Frau" erkundigt? Sie können es nicht, wie wir es nicht können. „Uns fehlt eben die alte Frau von Korinth."

Das habe ich seitdem nie mehr vergessen. Dieser Hinweis gilt nicht nur für Korinth, sondern für das ganze weite Gebiet der Vorgeschichte zum Alten und Neuen Testament. Weil uns die „alte Frau" fehlt, kommt ein Professor K ä s e m a n n zu dem erwähnten Eingeständnis, daß so wenig Gewisses über die Vorgeschichte vorhanden sei.

An die neurationalistischen Theologen haben wir darum zwei Wünsche:

1. S i e   s o l l t e n   m i t   d e r   T a t s a c h e   e r n s t   m a -
c h e n ,   d a ß   u n s   d i e   „ a l t e   F r a u "   v o n   K o r i n t h
f e h l t .   D. h.   S i e   m ö c h t e n   d e n   M u t   a u f b r i n g e n ,
s i c h   d e m u t s v o l l   v o r   d e r   T a t s a c h e   z u   b e u -
g e n ,   d a ß   w i r   n i c h t   h i n t e r   d a s   S c h r i f t z e u g -
n i s   z u r ü c k g r e i f e n   k ö n n e n .   W o   d i e s   d o c h   g e -
s c h i e h t ,   k o m m t   d i e   b e t r e f f e n d e   A u s s a g e
n i c h t   ü b e r   e i n e n   b l o ß e n   V e r m u t u n g s w e r t
h i n a u s .

2. A b e r   s i e   b r a u c h e n   d a r ü b e r   n i c h t   t r a u -
r i g   z u   s e i n ,   d a ß   u n s   d i e   „ a l t e   F r a u "   f e h l t .
D e n n   w a s   z u   u n s e r e m   H e i l   n o t w e n d i g   i s t   z u
w i s s e n ,   i s t   u n s   i n   e i n e r   g e r a d e z u   u n ü b e r -
b i e t b a r e n   K l a r h e i t   b e z e u g t .

Damit bekommt das weite Gebiet der Vorgeschichte und der historischen Forschung seinen entsprechenden Platz in der Rangordnung. *Wäre die Kenntnis von der Vorgeschichte so dringend erforderlich, ja, wäre sie heilsnotwendig, ich zweifle keinen Augenblick, daß wir dann über sie allerbestens Bescheid wüßten.*

Man muß nämlich um dies eine wissen:

Je mehr wir mit der Tatsache der Inspiration rechnen, desto weniger sind wir auf die historische Forschung angewiesen und auf die kritische Forschung schon gar nicht. Weil die Gemeinde Jesu um den auferstandenen Christus weiß, weil sie um den Heiligen Geist weiß, der uns „in alle Wahrheit leiten wird", darum weiß sie, daß der biblisch bezeugte Jesus auch der „historische Jesus" ist. Wenn wir mit dem von der Heiligen Schrift geforderten Vertrauen wirklich ernst machen, dann kann uns die Frage nach dem „historischen Jesus" wahrhaftig keine Kopfschmerzen mehr bereiten. Das sagen wir nicht aus Denk- und Forschungsfaulheit, sondern aus einem Vertrauen in die Autorität der Heiligen Schrift. Wir als Gemeinde Jesu Christi rechnen mit der Tatsache, daß es das „Z e u g n i s d e s H e i l i g e n G e i s t e s" gibt. D a r u m n o c h m a l s : d e r b i b l i s c h e J e s u s i s t a u c h d e r „h i s t o - r i s c h e J e s u s".

Der Apostel Johannes schreibt am Ende seines Evangeliums: „Auch viele andere Zeichen tat Jesus vor seinen Jüngern, die nicht geschrieben sind in diesem Buch. Diese aber sind geschrieben, daß ihr glaubet, Jesus sei Christus, der Sohn Gottes, und daß ihr durch den Glauben das Leben habet in seinem Namen" (Joh. 20, 30 u. 31).

Die Gemeinde Jesu ist tatsächlich davon überzeugt, daß unser Herr mit seiner Hand auch darüber gewaltet hat, daß nur solche Bücher in das Neue Testament Eingang fanden, denen wir unser volles Vertrauen schenken dürfen. Darum möchten wir es der neurationalistischen Theologie von heute nochmals bezeugen: Paulus schreibt im Blick auf das Alte Testament: „Ich glaube allem, was geschrieben steht." Weil nun erst recht im Neuen Testament dieser selbe Heilige Geist, der Geist Jesu Christi am Werke ist, gilt für die Gemeinde des Herrn dieses Bekenntnis des Apostels auch für die Bücher des Neuen Testamentes: „Ich glaube allem, was geschrieben steht." D a r u m g l a u b e n w i r a n d i e E i n h e i t v o n H e i l i g e m G e i s t , i n - s p i r i e r t e m W o r t G o t t e s u n d d e r i n d e r B i - b e l a n z u t r e f f e n d e n G e s c h i c h t e. —

Im Unterschied zu dem „hermeneutischen Zirkel" (= Auslegungszirkel) der neurationalistischen Theologie weiß die bekenntnistreue Gemeinde um den p n e u m a t i s c h e n Z i r - k e l, eben den Zirkel von dieser geistgewirkten Einheit: Heiliger Geist, Geschichte und Bibel.

Die Vertreter der neurationalistischen Theologie mögen es uns nicht verübeln, wenn wir sie in aller Liebe bitten, sich doch noch einmal bei ihrer sehr fleißigen und gut gemeinten Arbeit zu fragen:

1. Gehen wir wirklich vom S e l b s t v e r s t ä n d n i s der Heiligen Schrift aus?

2. Ist unsere A r b e i t s m e t h o d e und sind unsere „ E r g e b n i s s e " wirklich so hieb- und stichfest, daß wir solch schwerwiegende Folgerungen ziehen dürfen, wie wir es tun?

3. Sind wir uns bei all unserer theólogischen Arbeit darüber klar, daß auch die ratio = die V e r n u n f t in den Sündenfall mit hineingezogen wurde?

4. Sollte es uns nicht zu denken geben, wenn sich zwischen dem Glaubens- und Bekenntnisstand der Gemeinde einerseits und dem „Forschungsergebnis" unserer Theologie andererseits solch eine R i e s e n k l u f t auftut?

Hingegen wollen wir als Gemeinde jederzeit bereit sein, uns von den Vertretern der neurationalistischen Theologie fragen zu lassen, ob wir uns den Glauben nicht doch zu einfach machen, ob wir uns überhaupt noch selber in Frage stellen lassen. Verkrustung und satte Bequemlichkeit sind mehr zu tadeln, als wissenschaftliches Forschen, das im Eifer übers Ziel hinausschießt.

Die Hauptbedingung für den rechten Umgang mit der Bibel

Mit diesem und dem folgenden Abschnitt berühren wir den eigentlichen Nerv all dessen, was uns in der heutigen so schweren Auseinandersetzung umtreibt. Wir haben mit aufrichtiger Anerkennung den großen Fleiß bewundern müssen, mit dem an der Bibel, besonders am Neuen Testament gearbeitet wird. Über aller Arbeit darf aber eine Kardinalfrage nicht vergessen werden. Sie lautet ganz schlicht:

K a n n m a n m i t d e r B i b e l u m g e h e n w i e m i t j e d e m a n d e r e n B u c h d e r W e l t l i t e r a t u r ?

Die Antwort muß lauten: Nein!

Der Sonderheitscharakter der Bibel vor allen anderen Literaturerzeugnissen bedingt auch einen dementsprechenden Zugang und Umgang. Das Wesensmerkmal der Bibel besteht in ihrem

Offenbarungscharakter. Die Offenbarung geschah durch den Heiligen Geist. „Getrieben durch den Heiligen Geist." Das ist das entscheidende Stichwort. Auf Grund dieses Selbstzeugnisses der Bibel ergibt sich die einschneidende Antwort auf die obige Frage. Die Antwort lautet:

Was durch den Heiligen Geist offenbart wurde, kann nur durch den Heiligen Geist verstanden werden.

Das Wort Gottes bezeugt dies ausdrücklich. Wir lesen: „Der natürliche Mensch aber vernimmt nichts vom Geist Gottes; es ist ihm eine Torheit, und er kann es nicht erkennen; denn es muß geistlich gerichtet werden" (1. Kor. 2, 14).

Wenn wir dies einmal in der Fachsprache mit der jeweiligen Umschreibung ausdrücken dürfen, so lautet es folgendermaßen: Der letztlich legitime, der Sache entsprechende Zugang zur Heiligen Schrift

ist kein rationaler = kein Weg über die sich selbst zum Maßstab machende Vernunft,

ist kein historischer = kein Weg mit den Mitteln der Geschichtserforschung,

ist kein philologischer = kein Weg unter Zuhilfenahme der hebräischen und griechischen Ursprache der Bibel,

ist kein philosophischer = kein Weg mit der Waffenrüstung, d. h. dem Wissenschaftsbegriff und der Weltanschauung eines philosophischen Systems; der Zugang zur Bibel

ist auch kein naturwissenschaftlicher = kein Weg, der mit den Denkprinzipien und dem Weltbild der Neuzeit verkoppelt wäre, nein, das alles nicht, sondern der entscheidende Zugang zur Bibel

ist ein pneumatischer = ein vom Heiligen Geist ermöglichter und durch den Heiligen Geist ausgewiesener. „Es muß geistlich gerichtet (beurteilt) werden." Bei einer öffentlichen Diskussion mit Prof. Gert Otto an der Universität in Mainz tat er so, als ob ich nur von einem pneumatischen Zugang geschrieben hätte. Das stimmt nicht, wie diese Zeilen beweisen. Wohl aber ist der durch den Heiligen Geist gewirkte Zugang der wichtigste. Denn *es gibt entweder einen persönlichen, mitten durch das Herz, das Zentrum des Menschen, gehenden Zugang zur Bibel und Umgang mit ihr, oder es gibt keinen. „Der natürliche Mensch vernimmt nichts vom Geist Gottes." Nur aus dem persönlichen Betroffensein durch das Gegenüber des Heiligen Geistes kommt es zum „Verstehen" des Wortes Gottes. Andernfalls ereignet sich an dem betreffenden Menschen, was Paulus schreibt: „Es ist ihm eine Torheit."* D. h. „es ist ihm eine Torheit", daß es drei „Götter" geben soll, die doch zugleich nur ein Gott sind. „Es ist ihm eine Torheit", daß ein leibhaftiger Mensch, der Jesus genannt wird, zugleich dieser Gott sein soll. „Es ist ihm eine Torheit", daß der Tod dieses Menschen Jesu eine Sühnekraft für die Schuld und Sünde der ganzen Menschheit besitzen soll. „Es ist ihm eine Torheit", daß dieser Mensch Jesus im voraus wissend einen Fisch fangen läßt, der in seinem Maul ein Geldstück hat. Ach, was ist ihm nicht alles Torheit! „Finitum non capax infiniti" = das Endliche kann das Unendliche nicht fassen. — Torheit, weil und solange er nicht von dem Flammenschwert des Geistes Gottes in Herz und Verstand getroffen wurde. Darum wird in Ermangelung dieses „Geistes Gottes", von dem Paulus schreibt, solch einer weder die Heilige Schrift noch die Gemeinde der Gläubigen richtig beurteilen. E s g i b t a l s o k e i n e n v o r a u s s e t z u n g s l o s e n U m g a n g m i t d e r B i b e l . G ö t t l i c h e s w i l l g ö t t l i c h b e g r i f - f e n s e i n . Gott aber übersteigt die Möglichkeiten unseres winzig kleinen Verstandes. Wir dürfen aber zu Ihm finden. Gerade darum erfolgte ja die Gabe des Heiligen Geistes. Der Heilige Geist hat Jesus zum Inhalt. „Von dem Meinen wird er's nehmen", sagt Jesus. Dieser Heilige Geist schafft in uns — um einen Ausdruck aus unserer modernen Welt zu nehmen — die g l e i - c h e W e l l e n l ä n g e mit Jesus Christus, der Sendestation. Die Lebensverbindung mit Jesus Christus schafft insofern auch den rechten Umgang mit der Bibel, als sie uns frei f ü r Christus macht und frei v o n gesetzlicher Versklavung an den einzelnen Buchstaben. Der pneumatische, geistgewirkte Umgang schenkt uns auch das richtige A u s l e g u n g s p r i n z i p der Bibel. Die Bibel will sich nämlich durch sich selbst und in ihrem Geist auslegen, nicht aber durch moderne, bibelfremde Prinzipien. Angeleitet durch diesen Heiligen Geist werden wir dann nicht mehr den biblischen und den historischen Jesus auseinanderreißen. *Angeleitet durch den Heiligen Geist bilden dann die „Theologie" der neutestamentlichen Briefe und die „Theologie" der Evangelien eine Einheit; dann ist sie* A n t w o r t *der Apostel auf den* R u f *ihres Meisters. Wenn die Hauptbedingung für den rechten Umgang mit der Bibel erfüllt ist, nämlich das „Zeugnis des Heiligen Geistes", dann gründet sich die spätere Verkündigung über Jesus auf das frühere geschichtliche Ereig-*

nis des in den Evangelien bezeugten Jesu, und zwar ohne Ab-
striche. Wissen wir um die Klammer des Heiligen Geistes, dann
hören wir auf, Paulus gegen Jesus auszuspielen, dann ist die
spätere Verkündigung der Kirche nicht Offenbarung selber, sondern Hinführung zur Offenbarung, welche da ist: Jesus Christus. Dann, dann ... so könnten wir fortfahren.

Es kommt eben entscheidend auf die richtige und gleiche Wellenlänge an. D e r r i c h t i g e U m g a n g m i t d e r B i b e l
s e t z t d u r c h d a s B l u t J e s u g e r e t t e t e u n d
d a r u m g l ä u b i g e M e n s c h e n v o r a u s.

So lautet in der Auseinandersetzung mit der modernen Theologie nun die entscheidende Frage:

Sind die neurationalistischen Theologen gläubig?

Mit dieser Frage berühren wir zweifellos das Herzstück. Es gibt
keine Frage, die existentieller sein könnte als diese. Darf ich zur
Klärung ein persönliches Wort sagen?

Ich bin mir bewußt, daß man mich wegen dieser Frage heftig
angreifen und des geistlichen Hochmuts bezichtigen wird. Als
Pfarrer Paul D e i t e n b e c k und ich im März 1961 auf den
erwähnten Artikel von Heinz Z a h r n t mit einer Postwurfsendung an alle evangelischen Pfarrer antworteten, haben wir
die obige Frage unseres jetzigen Abschnitts überhaupt nicht gestellt. Trotzdem brachte uns allein schon die Tatsache, daß wir
zu dieser lebensgefährlichen Entleerung Jesu Christi nicht
schweigen konnten, und wir uns zum ganzen biblischen Jesus
Christus und zum Bekenntnis unserer Väter stellten, von Zahrnt
den Vorwurf ein, „pietistische Pamphleten" zu sein und ferner:
„... die gläubige Selbstgerechtigkeit — ich danke dir, Gott, daß
ich nicht so bin wie dieser ungläubige Theologe! — ist mit Händen zu greifen." Wieviel mehr werden jetzt erst die Wellen der
Entrüstung hochgehen, wenn ich es wage, diese Frage direkt zu
stellen. „Das muß jeder mit sich selber abmachen. Solch eine
Frage aus dem religiösen Intimbereich stellt man nicht. Was hat
das mit dem Thema dieser Schrift zu tun? Sache und Person muß
man unterscheiden. Und vor allen Dingen: Welch faustdicker
Pharisäismus verbirgt sich hinter solch einer Frage." Dieses und
vieles mehr wird man entgegnen. Obwohl ich mir dessen voll-
auf bewußt bin, möchte und kann ich doch nicht auf die obige
existentielle Frage verzichten; denn das Wort Gottes macht es
uns zur Pflicht: „Prüfet die Geister."

Wenn anders es eine Korrespondenz, eine Wellenlänge zwischen dem Heiligen Geist und dem Glaubenden gibt, dann bezeugt er mir an meinem Herzen und Gewissen die großen Heilstaten Gottes in Jesus Christus, und zwar als Taten von selbstverständlicher historischer Wirklichkeit. Das ist einfach so. Letztlich vermag man über diese Tatsache nur z e u g n i s h a f t zu reden. Der Heilige Geist treibt zum Bekenntnis. Dieses Bekenntnis ist nicht subjektivem Belieben ausgeliefert, sondern ereignet sich als gemachte Erfahrung und absolute Gewißheit über die großen Daten Jesu Christi: seine Gottessohnschaft, sein stellvertretendes Erlösungswerk, seine Auferstehung, Himmelfahrt und Wiederkunft. Es ergibt sich mithin folgende Konsequenz: E n t h i s t o r i s i e r u n g u n d E n t m y t h o l o g i s i e r u n g s i n d V e r r a t a m H e i l i g e n G e i s t. B e i d e s i n d a n d i e H e i l i g e S c h r i f t w i l l k ü r l i c h h e r a n g e t r a g e n.

Weil das Gläubigsein keine sumpfige Unverbindlichkeit verträgt, sondern sich mit ihm ein scharf umrissenes Bekenntnis verbindet, schreibt Johannes den zentnerschweren, aber völlig in der Sache liegenden Satz: „ *. . . ein jeglicher Geist, der da nicht bekennt, daß Jesus Christus ist in das Fleisch gekommen, der ist nicht von Gott"* (1. Joh. 4, 2).

Damit neurationalistische Theologen sich nun nicht in die Auslegung flüchten können, hier sei eben von Jesus Christus als dem M e n s c h e n die Rede und gerade dies würde ja durch sie betont, sei an das andere Wort des gleichen Apostels erinnert: *„Welcher nun bekennt, daß Jesus G o t t e s S o h n ist, in dem bleibt Gott und er ist in Gott"* (1. Joh. 4, 15). Beides gehört also untrennlich zusammen: Das Fleisch, die Natur und die Gottessohnschaft. Frage: Bekennen dies die neurationalistischen Theologen? Bekennen sie dies geheimnisvolle „wahrhaftiger Gott und wahrhaftiger Mensch", und zwar seinem Fleisch nach? Nein! Wenn sie dies nicht bekennen, sind sie dann noch gläubig? Jedenfalls: wenn das echter biblischer Glaube sein soll, was der Neurationalismus gelehrt hat, steht die Gemeinde wahrhaftig nicht im Glauben und im Bekenntnis der Väter. Machen wir uns aus Angst davor, keine weittragenden Konsequenzen zu ziehen, nichts vor:

E s k a n n e i n f a c h n i c h t b e i d e s s t i m m e n — i h r e T h e o l o g i e u n d d a s B e k e n n t n i s d e r G e m e i n d e. Zwischen beiden besteht nicht bloß ein gradueller Unterschied, nein, zwischen beiden besteht eine solch ungeheuer tiefe Kluft, die einfach nicht zu überbrücken ist. *Es handelt sich*

*um einen fundamentalen W e s e n s unterschied. Die Unterschie-
de zwischen Lutheranern und Reformierten, ja selbst zwischen
Evangelischen und Katholiken nehmen sich dagegen harmlos
aus.*

Es geht auch nicht an, die Theologie vom jeweiligen Theologen
zu trennen. Sache und Person bilden auch hier eine Einheit.

Ich vermute, jetzt werde ich wieder als völlig unsachlich und
pharisäisch gebrandmarkt und doch mag uns folgendes helfen.
Ich stelle mir oft vor: wie würde es den neurationalistischen
Theologen zu Mute sein, wenn sie einmal in eine Gebetsgemeinschaft unserer evangelikalen Kreise hineinkämen, wo jeder nach
urchristlichem Vorbild frei beten darf? Damit soll diese Form
nicht im entferntesten als allein richtig verabsolutiert werden.
Das wäre dann allerdings pharisäisch. Nein, ich meine die Begegnung mit diesem Geist. Ein gläubiger Katholik wird bestimmt die Andersartigkeit dieser Gebetsgemeinschaft empfinden. Aber sicherlich doch auch die letzte Wesensgemeinschaft im
Geist dieses einen Jesus Christus. Aber ein neurationalistischer
Theologe, der Jesus Christus nicht als den leibhaftig Erstande-
nen und darum Fortwirkenden kennt, wie wird er es empfinden?
Ist er trotzdem gläubig? Ich meine, folgendes könnte zur Klärung dieser zweifellos sehr wichtigen Frage beitragen und jeden
von dem Verdacht des Pharisäismus und der persönlichen Un-
terstellung freihalten:

Wir müssen unterscheiden zwischen Glauben und Lehre.

D. h.: Gott allein ist Herzenskünder. Wir sind nicht zu Rich-
tern über den persönlichen Glauben des anderen bestellt. Der
persönliche Glaube des andern liegt nicht wie auf einem Tablett
vor uns.

Wohl aber die Lehre. Sie liegt vor uns in Büchern, in Artikeln,
in Predigten. Mit der Lehre haben wir es zu tun. Alle Lehre,
nicht nur die der Modernisten, sondern auch alle der Evangelikalen, auch meine eigene: alle Lehre ist kritisch an der Heiligen
Schrift zu überprüfen. Denn die Heilige Schrift ist und bleibt
nun einmal die norma normans = die maßgebende Norm. Ge-
messen an der Heiligen Schrift müssen wir feststellen: *die Lehre der neurationalistischen Theologen steht im Widerspruch
zum Gesamtzeugnis der Heiligen Schrift.* D i e B e r i c h t e
z. B. v o n d e r A u f e r s t e h u n g J e s u , v o n s e i n e r
K r e u z i g u n g , v o n s e i n e n W u n d e r n m ü ß t e n
i n a n d r e m S t i l u n d a n d r e r F o r m g e s c h r i e -

118

b e n   w o r d e n   s e i n ,   w e n n   s i e   n i c h t   a l s   E r e i g -
n i s s e   v e r s t a n d e n   s e i n   w o l l t e n .   *Es kommt deshalb wahrhaftig nicht von ungefähr, daß diese Texte von den
Anfängen bis zur Gegenwart ernsthaft nie anders verstanden
wurden als in ihrem Ereignisstil.* Darum steht die neurationalistische Theologie auch nicht von ungefähr im Widerspruch zum
Schriftverständnis der Gesamtchristenheit und im Widerspruch
zum Konsensus (Übereinstimmung) mit den drei Hauptbekennt-
nissen der weltweiten Kirche Jesu Christi.

Wie steht es mit der Sünde?

Es war auf der Missionsschule St. Chrischona bei Basel. Wir hatten Kirchengeschichte. Ich weiß nicht mehr, was wir im einzelnen durchnahmen. Ich weiß aber noch genau, daß unser geschätzter Lehrer, Inspektor Z i m m e r m a n n , uns Schülern
dem Gedanken nach sagte: „Und wenn ihr ein philosophisches
System oder eine theologische Richtung auf ihre biblische Rich-
tigkeit hin prüfen wollt, so schaut nach dem, was sie über die
S ü n d e lehren. Verharmlosen sie hier, dann wißt ihr Bescheid
und seid gewarnt." Das habe ich mir seitdem gemerkt.

Was heißt das nun im Blick auf die neurationalistischen Theologen?

Sie verharmlosen! Auch die Sünde wird uminterpretiert, d. h.
umgedeutet. D. Sölle definiert: „Sünde ist der Mangel an welt-
verändernder Liebe." Zwar ist das auch eine Form der Sünde.
Aber Sünde hat es mit dem persönlichen Gott zu tun. Bei Sölle
fehlt ihr der transzendente Bezugspunkt, d. h. Gott als Gegenüber. Das aber heißt die Sünde verharmlosen. Die modernistischen Theologen verharmlosen so sehr, daß Professor T h i e -
l i c k e schreiben muß „ F ü r   B u l t m a n n   h a t   d i e   S ü n -
d e . . .   l e t z t l i c h   k e i n e n   E r e i g n i s c h a r a k -
t e r . . . Damit tritt auch das Du zurück, demgegenüber das Ereignis stattfand (Ereignisse finden immer zwischen mehreren
Größen statt!). Und so wird Sünde unter der Hand ein Phänomen (= eine Erscheinung) des Ich, damit aber ein Phänomen der
gleichen Sphäre des Diesseits, in der sich das philosophische
Selbstverständnis bewegt." An dieser Stelle muß ich wieder auf
den Brief von Prof. Rudolf Bultmann Bezug nehmen, den ich
bereits Seite 58 erwähnt habe. Denn hier, Seite 119, haben wir
den zweiten Punkt, an dem sich Rudolf Bultmann mißverstanden fühlt. Es gehört zur Sache der Fairneß, darauf hinzuweisen.
Rudolf Bultmann schreibt mir: „Seite 114 (in der 3. Aufl.) zitie-

ren sie einen Satz von Thielicke, der die Unrichtigkeit meines Verständnisses von Sünde belegen soll. Ich habe zwar immer gesagt, daß das eigentliche Wesen der Sünde nicht den Charakter des Ereignisses hat; aber ich habe immer betont, daß das Wesen der Sünde der Abfall von Gott, die Selbstherrlichkeit des Menschen ist. Aus dieser Grundsünde erwachsen die einzelnen sündhaften Ereignisse." Für diese Sätze Rudolf Bultmanns sind wir dankbar. Wenn wir auch gern seinem Wunsch entsprechen, auf diese beiden Punkte in den neuen Auflagen hinzuweisen, so müssen wir ihn doch fragen, ob er nicht den Widerspruch in seinen Sätzen erkannt hat. Bultmann kann nicht einerseits „den Charakter des Ereignisses" bestreiten und doch andererseits das Wesen der Sünde als „Abfall von Gott" bezeichnen. Denn ein Abfall ist ein Ereignis. Aber gerade den Ereignischarakter gibt es ja für Bultmann nicht. Da hat Helmut Thielicke schon richtig beobachtet. Wenn man bedenkt, daß bei Rudolf Bultmann das Reden von Gott ein Reden vom Menschen ist, — in meinem Buch „Kirche am Scheideweg" bin ich näher darauf eingegangen — wird man Thielicke zustimmen müssen, der in bezug auf Bultmann feststellt: „Und so wird Sünde unter der Hand ein Phänomen des Ich, damit aber ein Phänomen der gleichen Sphäre des Diesseits ... "

Allgemein verständlich ist zu sagen: bei solch einer Auffassung Bultmanns und seiner Schüler ist Sünde kein Abfall von Gott, sondern ein Abfall des Menschen von sich selbst. Denn das jenseitige Gegenüber fehlt ja. Von dorther versteht es sich auch, daß moderne Theologie statt von der biblischen Bekehrung und Wiedergeburt und von der Erlösung aus Sündenmacht durch das Blut Jesu immer vom „neuen Selbstverständnis" und von der „Eigentlichkeit" spricht, zu der der Mensch durch das Kerygma (Verkündigung) finden soll. Ein Vertreter der modernen Theologie sagte einmal den verschrobenen und sich gelehrt anhörenden, aber typischen Satz: „Sünde ist Existenzverlust in der Jemeinigkeit meines Selbstverständnisses." Wer noch nicht wußte, was Sünde ist, der weiß es jetzt aber ganz bestimmt. Nach biblischer Erkenntnis ist Sünde Verlorenheit des Menschen, offene oder versteckte Rebellion gegen Gott. Sünde ist Blutvergiftung unserer Seele. Sünde ist, so leben, als ob es keinen Gott gäbe. Sünde ist, den Herrschaftsanspruch Gottes über mein Leben leugnen oder sich ihm entziehen. „Die Sünde ist das Unrecht" (1. Joh. 3, 4). Hingegen ist es das größte Ereignis im Leben eines Menschen, wenn er sich in seinem Stolz beugt und sich die remissio peccatorum = die Vergebung der Sünden schenken läßt.

Warum verharmlosen die neurationalistischen Theologen in solch äußerst gefährlicher Weise die eigentliche Krankheit und Todverfallenheit des Menschen? Sind sie dann noch gläubig, wenn sie diese so entscheidende Sache der Sünde verwässern? Wer die Sünde verharmlost, verharmlost nicht nur den Menschen, sondern auch Jesus Christus. Wer nicht um die letzte Verlorenheit des Menschen weiß, weiß nicht um die rettende Bedeutung des Blutes Jesu. Petrus schreibt: „Erlöst mit dem kostbaren Blut Christi." Weil der so gesegnete und vollmächtige Evangelist Jakob Vetter (1872—1918) um den tödlichen Knochenfraß der Sünde wußte, wußte er auch um die heilende Erneuerungskraft des Blutes Jesu. Darum schreibt er: *Das Blut des Lammes ist der Mittelpunkt des ganzen Christentums.* So etwas erwarten wir aus dem Munde eines neurationalistischen Theologen vergeblich. Weil sie nicht um das biblische Verständnis von Sünde wissen, kennen sie auch keine Erbsünde. Bultmann lehrt, Erbsünde sei „ein unsittlicher und unmöglicher Begriff". Gottes Wort aber sagt: „Siehe, ich bin in sündlichem Wesen geboren, und meine Mutter hat mich in Sünden empfangen" (Psalm 51, 7). Welch eine Bibelkritik und -fremdheit bei Bultmann und welch eine Wirklichkeitserfassung im untrüglichen Wort Gottes!

Für was von beiden wollen wir uns entscheiden: für die neurationalistische Theologie oder für das ungeschmälerte Wort Gottes in der Heiligen Schrift?

Kein Begegnungsstreik

Wie klaftertief auch immer der Gegensatz zwischen neurationalistischer Theologie und biblischer Aussage ist, wie wenig auch Theologie und Theologe voneinander zu trennen sind, so möchten wir doch die neurationalistischen Theologen nicht abschreiben.

Zwar mahnt Paulus seinen Schüler Timotheus: „So jemand anders lehrt und bleibt nicht bei den heilsamen Worten unseres Herrn Jesu Christi . . . Tue dich von solchen" (1. Tim. 6, 3 u. 5)! Lehrmäßig tun wir dies auch. Dennoch wollen wir miteinander im Gespräch bleiben. Auch selbst korrekturbereit und aufrichtig bußfertig.

Außerdem sollte nicht übersehen werden, daß es innerhalb der neurationalistischen Theologie graduelle Unterschied e gibt. Einer der radikalsten Vertreter ist sicherlich der Mainzer Professor für Neues Testament, Herbert B r a u n. Während ich Vorträge an der dortigen Universität zu halten hatte, saß ich tagsüber einmal in seiner Vorlesung. Er las gerade über die Auferweckung des Lazarus, die natürlich nach seiner Meinung niemals stattgefunden hat. Ich war erschüttert, mit welch einer Respektlosigkeit dieser Professor mit dem Neuen Testament umging. Ich stand vor der ernsten Frage: *Ist dies noch ein irrender Bruder oder ist er nicht vielmehr ein gefährlicher Irrlehrer? Ich mußte mich fragen: Was gibt mir ein Recht, von den Zeugen Jehovas und den Neuapostolischen als Sektierern und Irrlehrern zu sprechen und hier bei einem staatlich berufenen Universitätsprofessor davor zurückzuschrecken? Irrlehre bleibt Irrlehre. Ja, wir müssen den Mut haben zu sagen: Wer in den Grundaussagen falsch lehrt, ist ein Irrlehrer.*

Dieser Professor Herbert Braun war einmal zu einer Reformationsfeier nach Bonn eingeladen. Er sprach über das Thema: „Wie erkenne ich Jesus von Nazareth als den Christus des Glaubens?" Nun muß es einfach gewagt werden zu schreiben: *In einer atheistischen Versammlung hätte keine gründlichere Zerschlagung Jesu Christi erfolgen können als dort.* In einem von Verantwortung getragenen Pressebericht war u. a. darüber zu lesen: „Mit vor Erregung zitternder Stimme erklärte in der sich anschließenden, leider unter Zeitdruck stehenden Diskussion der Bonner Theologe Günther D e h n : vom Apostolikum lasse Braun gerade noch den Pontius Pilatus übrig." Ein anderer sprach von einem „erschreckenden und bestürzenden Einblick in die Abwegigkeit und Abgründigkeit einer gewissen ‚theologischen Forschung'. Habe es in der Hitlerzeit Theologen gegeben, die das Evangelium in ein ‚artgemäßes' Christentum verfälschen wollten, so unternehme es Braun, die neutestamentlichen Aussasagen auf den Stand unserer derzeitigen wissenschaftlichen Erkenntnisfähigkeit zu reduzieren ... Andere meinten, dem Vorgang müsse mit Sühne und Bußandachten begegnet werden".

Ich übertreibe nicht, wenn ich sage: Braun kennt noch nicht einmal einen persönlichen Gott. Wir haben dies durch Zitat belegt.

Hatte ich Unrecht, als ich ihn als einen Irrlehrer empfand, der um so gefährlicher ist, als seine Vorlesungen von den Studenten sehr stark besucht werden? Herbert Braun wird in seiner unbiblischen Theologie flankiert von seinen dortigen Mainzer Kollegen Manfred Mezger und Gert Otto.

Nochmals: Es ist ungerecht, alle neurationalistischen Theologen über einen Kamm scheren zu wollen. Die Unterschiede müssen gesehen werden.

Aber es wäre ebenso eine Verharmlosung, wollten wir nicht den für Bultmann und seine Schüler gemeinsamen neurationalistischen Ausgangspunkt sehen. Der aber — wir können es nicht oft genug betonen — ist völlig bibelfremd und darum völlig falsch. Wer nicht vom Selbstverständnis der Bibel ausgeht, dessen Kritik an der Bibel muß notwendigerweise auf Irrwege geraten.

Im Oktober 1962 befand ich mich auf der Deutschen Evangelisten-Konferenz in Patmos, Kreis Siegen. Patmos ist der Sitz der Deutschen Zeltmission. Sie ist die Mutter aller Zeltmissionen auf dem europäischen Festland. Unter den fast 70 Konferenzteilnehmern befand sich auch ein Christ, der bis 1960 in der DDR war. Er erzählte uns von den häufigen Auseinandersetzungen mit Vertretern der dortigen offiziellen atheistischen Staats-Weltanschauung jenseits des Eisernen Vorhangs. Er sagte: „D e r   g r ö ß t e   T r u m p f ,   d e n   s i e   b e i   ö f f e n t - l i c h e n   u n d   p r i v a t e n   D i s k u s s i o n e n   a u f s p i e - l e n ,   i s t   d a n n   i m m e r   d e r ,   d a ß   s i e   e i n e m   e n t - g e g e n h a l t e n :   , E u r e   m o d e r n e n   T h e o l o g e n   g l a u b e n   j a   s e l b e r   n i c h t . ' "

E s   i s t   w a h r l i c h   e r s c h ü t t e r n d ,   w e n n   n e u r a - t i o n a l i s t i s c h e   T h e o l o g e n   d e n   A t h e i s t e n   s e l b e r   d i e   S c h w e r t e r   s c h m i e d e n ,   m i t   d e n e n   s i e   d i e   b e k e n n t n i s t r e u e   u n d   b i b e l g l ä u b i g e   G e m e i n d e   b e k ä m p f e n .

Angesichts dieser Tatsache bedarf es einer sehr großen Selbstüberwindung, wenn die neurationalistischen Theologen dennoch wissen dürfen, daß wir als Gemeinde von uns aus die Tür nicht zuschlagen möchten. Wir warten darauf, daß sie zum Bekenntnis der Väter zurückfinden und ihnen die Unhaltbarkeit ihres neurationalistischen Ausgangspunktes bewußt werde. W i r   w o l - l e n   f ü r e i n a n d e r   b e t e n . *Gern möchte ich meinen, es sei geistlich geurteilt, wenn wir so verfahren: wer von sich aus das Gebet für den anderen übt, macht sich damit ihm gegenüber zum Fürbittenden. Der dreieinige Gott weiß, wie jeder zu Ihm steht. Dies ist entscheidend. Nochmals: Wir Menschen wissen nur um das jeweilige Bekenntnis des einen und anderen. An dies lehrmäßige Bekenntnis müssen wir uns halten. Auf Grund des so und*

so gearteten Bekenntnisses, bzw. der Theologie, haben wir aber
in Verantwortung vor der Wahrheit des Evangeliums kein Recht,
die e i n e Wahrheit einem unbiblischen Pluralismus auszulie-
fern. Wohl gibt es eine berechtigte Pluralität. Aber die Pluralität hat ihre Grenze. Pluralität auf der Basis gleichzeitiger Zen-
tralität schließt den uferlosen Pluralismus aus.

Sind wir für die Zukunft gerüstet?

Zum Schluß soll unser Blick auf das Künftige gerichtet sein. Fest
steht jedenfalls: I n d e m M a ß e, w i e in u n s e r e Ge-
m e i n d e n d i e s e n e u r a t i o n a l i s t i s c h e T h e o l o -
g i e w e i t e r e i n d r i n g t, i n d e m g l e i c h e n M a-
ß e w e r d e n s i e g e g e n ü b e r e r n s t e n u n d d r o -
h e n d e n H e r a u s f o r d e r u n g e n d e r Z u k u n f t
n i c h t g e r ü s t e t s e i n. D e r G e i s t d e r n e u r a -
t i o n a l i s t i s c h e n T h e o l o g i e i s t G e i s t u n s e r e r
a b e n d l ä n d i s c h e n K r i s e. *Unser Abendland krankt am
Menschen, krankt an der falschen Lehre von der „ e i n e n
Wirklichkeit". Nicht zufällig stellt ausgerechnet die neurationalistische Theologie den Menschen in den Mittelpunkt. Nicht zufällig erhebt sie ihn zum Maßstab dessen, was an biblischen Aussagen die Zensur passieren darf. Ach, dieser rationalistische und
darum in Wirklichkeit so jämmerlich verkümmerte Mensch!*

> *Wenn anders uns geholfen werden soll, gibt es nur eins:
> Dieser todkranke Geist der Moderne, dem wir auf allen
> Straßen des Abendlandes immer wieder begegnen, muß
> überwunden werden. Wir brauchen eine Erneuerung von
> den biblischen Wurzeln her. Mit dem heutigen Intellek-
> tualismus, der Verstandesanbetung in der modernen Theo-
> logie reiten wir uns zu Tode. Der Geist der Aufklärung
> muß in seiner Bibelwidrigkeit und stolzen Menschenvergöt-
> terung erkannt werden. Wird uns das zumindest im Raum
> der Kirche gelingen?*

Es war im Frühjahr 1962. Ich war in Stuttgart zu einem Dienst.
Bei der Gelegenheit zog es mich zum nahen Tübingen, wo ich
1938 und 1939 studiert hatte. Ich machte einen Besuch bei meinem hochverehrten Lehrer, Professor Dr. A. K ö b e r l e, und
bei der Witwe des 1956 verewigten Lehrers, Professor Dr. Karl
H e i m. Beiden Gottesmännern verdanke ich Entscheidendes.

Es war mir eine ganz ernste innere Verpflichtung, als ich in dem
Zimmer sein durfte, die ganze Atmosphäre wieder in mich auf-

nehmen und den Schreibtisch sehen konnte, an dem Professor Heim seine gediegenen Werke und vollmächtigen Predigten geschrieben hat. Ich saß seiner Frau gegenüber. Auch wir sprachen, wie mit Professor Köberle, von der Not, die uns die neurationalistische Theologie bereitet. Aber wie trostvolll war es, als sie mir in solch abgeklärter Ruhe sagte: „H e r r P f a r r e r , S i e w e r d e n s e h e n , s o w i e d i e s e T h e o l o g i e g e - k o m m e n i s t , s o w i r d s i e a u c h w i e d e r g e h e n . " Ach, wäre es so! Um unserer Gemeinden willen, ach, wäre es so! „Nubecula est, transibit" = es ist ein Wölkchen, es wird vorübergehen — schrieb mir mein ebenfalls geschätzter Lehrer, Professor Günther D e h n aus Bonn, in bezug auf die neurationalistische Theologie. Es gibt selbst modernistische Theologen, denen ist die Unwissenschaftlichkeit ihrer Zeitgeisttheologie aufgegangen. Im Jahre 1973 standen wir mit unserer Zelthalle in der Universitätsstadt Tübingen. Bei der Gelegenheit ging ich auch zur Universität und hörte u. a. die Vorlesung eines ehemaligen Bultmann- und Käsemann-Schülers. Welch eine Wende! Er las gerade über das große Auferstehungskapitel 1. Korinther 15. Welch ein klares Zeugnis vom Ereignis der Auferstehung Jesu in verklärter Leiblichkeit! Ich hatte meine helle Freude.

Landesbischof D. Martin H a u g sagte bei seinen Abschiedsworten an die württembergischen Pfarrer u. a.: „Mehr Zutrauen zum biblischen Wort ... Mehr Freude an der einzigartigen Sache und an der großartigen Sprache der Bibel. Die Füße derer, die die hyperkritische (= übertriebene Kritik), anthropozentrisch verengte (= auf den Menschen verkürzte) und existentialistisch verkrampfte Auslegung der Schrift aus Theologie und Kirche hinaustragen werden, sind vor der Tür."

Die gleiche Überzeugung teilt ebenfalls Professor Karl B a r t h. Nur daß er es in einer recht drastischen Weise auf einer Verbandstagung evangelischer Buchhändler und Verleger im Sommer 1962 in der Schweiz gesagt hat: „D a s g a n z e E x i - s t e n t i a l z e u g w i r d e i n e s T a g e s w i e e i n S p u k v o r ü b e r s e i n . " Schön! Aber das kommt ja nicht von selber. Das fällt uns ja nicht in den Schoß. Und außerdem: w i e v i e l e w e r d e n b i s d a h i n i h r e n b i b l i s c h e n G l a u b e n d u r c h d i e I r r l e h r e d e s t h e o l o g i - s c h e n N e u r a t i o n a l i s m u s v e r l o r e n h a b e n ? Schon einmal haben wir durch diesen bibelwidrigen und bibelkritischen Geist eine Auswanderung aus der Kirche erlebt. Was sollen wir deshalb tun?

Neben mir liegt ein Artikel. Ich sah ihn nun schon in zwei Zeitschriften. Seine Überschrift lautet: „Führt die moderne Theologie mit ihrer Bibelkritik zur Auflösung der theologischen Fakultäten an den deutschen Universitäten?" Das ist aller Vor-.aussicht nach vorerst nicht zu erwarten. Denn die gesetzlichen Bindungen zwischen Staat und Kirche werden sich in dieser Beziehung auswirken, obwohl die Tendenz strikter Trennung von Staat und Kirche an Boden gewinnt. Aber zwei andere Dinge verdienen ernsthafte Beachtung.

1. Es werden Erwägungen darüber angestellt, ob man unbesehen jeden theologischen Professor, der von staatswegen durch das Kultusministerium auf Grund eines Vorschlags des Lehrkörpers der Theologischen Fakultät berufen wird, als Prüfer bei kirchlichen Examen zulassen soll. Wenn die Kirche hier eine positive Auswahl vornehmen würde, so gäbe sie bibeltreuen Theologiestudenten eine sehr große Hilfe. Denn gerade sie befinden sich in schwerer Gewissensnot.

2. Es werden in Kreisen gläubiger Pfarrer Überlegungen angestellt, ob nicht bibeltreue Professoren auf neu einzurichtende, staatsfreie Lehrstühle berufen werden sollen. In Norwegen besteht diese Einrichtung bereits. In der Schweiz ebenfalls. In Westdeutschland anfangsweise auch. Staatsfreie Theologische Fakultäten wären wärmstens zu empfehlen. Diese Hilfe wäre für den theologischen Nachwuchs noch viel wirksamer. Denn dann brauchten die Studenten erst gar nicht sich mit dem „Existentialzeug", von dem Karl Barth spricht, infizieren zu lassen. Anders ausgedrückt: sie würden dann zwar die „kritische Forschung" nicht weniger gründlich kennenlernen, aber eben „kritisch".

Um uns für die sicherlich schwere Zukunft zu rüsten, geht es in allererster Linie darum, daß die Gemeinde Jesu in all ihren Gliedern k r i s e n f e s t wird. Dazu gehört:

1. ständig forschender und betender U m g a n g mit dem W o r t G o t t e s und immer tieferes Eindringen in den Geist und das Selbstverständnis der Bibel. Dazu gehört

2. der geistgewirkte Mut, zum A n g r i f f überzugehen.

Es ist völlig falsch, sich von der neurationalistischen Theologie hinter die Schutzwälle der Verteidigung drängen zu lassen. Es lassen sich viele von dem vermeintlichen Wissenschaftszauber der neurationalistischen Theologie blenden. Aber den gibt es ja nur in der Phantasie! In Wirklichkeit ist es folgendermaßen:

126

Da war in einer Universitätsstadt ein sogenannter „Offener Abend" der evangelischen Studentengemeinde. An ihm konnte jeder teilnehmen. Ein namhafter Professor der neurationalistischen Theologie war zu ihm geladen worden. Er referierte. Anschließend Aussprache. Dabei gab es einige mutige Studenten, die zum Angriff übergingen. Ein Student der Volkswirtschaft, der dabei war und mir davon erzählte, sagte wörtlich: „Professor X gab in der Aussprache eine klägliche Figur ab."

Jawohl, davon bin ich fest überzeugt. Warum? Weil ein klaffender G e g e n s a t z in ihrer theologischen Arbeit besteht. Denn einerseits muß ein Ernst Käsemann für die gesamte neurationalistische Theologie zugeben, daß das Neue Testament „die e i n z i g e wirkliche Urkunde über ... den historischen Jesus ist". Er muß also zugeben, daß diesen Theologen letztlich nichts anderes für ihre Arbeit zur Verfügung steht als jedem anderen auch. Aber andererseits erkühnen sie sich zu derart verstiegenen Lehraussagen, die mit dem nüchternen Tatbestand des Neuen Testamentes rein gar nichts zu tun haben. Genau darin liegt der W i d e r s p r u c h in dieser Theologie: a u f a l l e r s c h m a l s t e r B a s i s a l l e r g r ö ß t e S p e k u l a - t i o n. Spekulation ist aber keine Wissenschaft. Darum: wenn diese Professoren in eine Siegerländer Bauernstube hineinkommen und von gestandenen Männern des Glaubens mit ihrer aufgeschlagenen Bibel „ins Verhör" genommen würden, jawohl, sie würden eine „klägliche Figur" abgeben. Nicht weil diese Männer so gescheit wären, sondern weil sie ihre Bibel kennen und sie schärfer ist denn ein zweischneidiges Schwert. Diese Klinge nun führen können und den „Gegner" kennen, damit man ihn trifft und ihm die Schliche seiner Unwissenschaftlichkeit aufdeckt, darauf kommt es an.

Außerdem: *Werden wir nicht müde, darauf hinzuweisen, daß die neurationalistische Theologie ja überhaupt nicht den neuesten Stand der Naturwissenschaft berücksichtigt.* Zwar reden diese Theologen gern von dem naturwissenschaftlichen Weltbild und den Denkvoraussetzungen unserer Tage, die sie nicht unbeachtet lassen könnten. Aber in Wirklichkeit ist es die Naturwissenschaft selbst, die der neurationalistischen Theologie längst davongelaufen ist. Durch die sogenannte Quantentheorie des Naturwissenschaftlers P l a n c k ist das kausal-mechanistische Weltbild gesprengt, also ein Weltbild, in dem es bis dato keinen Platz für Vorgänge gab, die über das Gesetz von Ursache und Wirkung hinausgingen. Dazu gehörten z. B. Wunder.

Wie aber ist der heutige Stand der Naturwissenschaft? Es war in Wiesbaden-Biebrich. Dort stand ich mit einem sehr bekannten Naturwissenschaftler und Mathematiker unserer Tage, Professor Dr. Hans R o h r b a c h , zu einem gemeinsamen Evangelisationsdienst im Zelt. In seiner Eigenschaft als Universitätsprofessor an der naturwissenschaftlichen Fakultät sagte er wörtlich zu den vielen Menschen: *„Die Götzen (der Naturwissenschaft) sind zerschlagen, und es war der Naturwissenschaft selbst vergönnt, sie zu stürzen. Die zerschlagenen Götzen geben Raum für den Glauben an das Handeln Gottes in Natur und Geschichte und geben dem, der glauben will, den Weg frei für den christlichen Glauben ohne ein sacrificium intellectus"* = *d.h. ohne, daß der Verstand geopfert werden muß.* Ohne nun im geringsten den Überlegenen spielen zu wollen, muß man sagen: *Wie leid können einem doch die neurationalistischen Theologen tun! Nun wollen sie so modern sein und hinken sowohl der Bibel als auch der Naturwissenschaft hinterher.*

Hinzu kommt, daß sie auch durch parapsychologische Phänomene, d. h. durch Forschungsergebnisse auf dem Gebiet dessen, was unseren Bereich des Normalseelischen überschreitet, in ihrem verengten Wirklichkeits- und Weltbild widerlegt sind. In meinem Buch „ . . . und es gibt doch ein Jenseits" bin ich darauf ausführlich eingegangen.

Schließlich: werden wir doch nicht weniger müde, die neurationalistischen Theologen und Nicht-Theologen zu fragen: W o h a t s i c h d e n n d i e b i b e l k r i t i s c h e T h e o l o g i e g e m e i n d e a u f b a u e n d a u s g e w i e s e n ? Wo? Theologie und Bibelkritik sind doch kein Sandkastenmanöver. Also! Beide müssen sich doch in der Praxis erproben.

Wo sind denn nun die Leute, die dadurch, daß die modernistische Theologie ihnen beibrachte, es gibt nur „ e i n e Wirklichkeit", treu und froh und heilsgewiß in der Christusnachfolge stehen? Was sage ich: Christusnachfolge? Die gibt es ja im biblischen Sinne nicht bei den modernistischen Theologen. Also frage ich: Wo stehen sie seitdem treu im kirchlichen Leben? Wo sind sie, die seitdem gern in die Bibelstunde kommen, in den Chören und Posaunenchören mitwirken?

Nun lehren modernistische Theologen an den Universitäten, nun geben sie sich so viel Mühe, nun meinen sie es bestimmt ehrlich, nun schicken sie ihre Schüler in die Gemeinden, und was kommt dabei heraus? Sie sind stark in der Ethik und der Forderung nach Mitmenschlichkeit. Gut. Aber leider sind sie gleichzeitig stark in der dogmatischen Negation. Sie zerschlagen die Heilsgeschichte, zerbrechen die Wunder, entvölkern den Himmel und verändern den biblischen Christus.

Aber wo bauen sie auf? Wo entsteht echtes geistliches Leben? Ihre eigene Furchtlosigkeit sollte sie stutzig machen, wenn schon nicht das entschlossene Nein der bibelgläubigen Gemeinden. Ihr anfänglicher Siegeslauf ist sehr ins Stocken geraten. Sie haben nur eine Theologie für den akademischen Hörsaal und das glatte Parkett eines vornehmen Vortragsraums. Ihre Theologie versagt aber an der Werkbank der Fabrik, versagt im Krankenzimmer und Operationssaal, versagt in der Erziehung und im Ringen unserer Jugend. Dort brauchen wir Jesus Christus als den ewigen Gottessohn, als den Erlöser von Sünde und Schuld, der gegenwärtig ist, der in uns lebt und Menschen verändert, der uns im Tod nicht verläßt.

Ihre Theologie ist blutleer, weil sie aus dem Geist der Aufklärung, aber nicht der Reformation stammt, weil sie mit dem Geist autonomer Philosophie, aber nicht mit dem Lebensodem der Bibel durchweht ist.

Wir möchten sie so gern h i n l i e b e n *zu den quellenden Brunnen des ungekürzten und unveränderten Wortes Gottes, hinlieben zu singenden und betenden, sich unter Sein Wort beugenden Kreisen lebendiger Erweckungsbewegung, hinlieben zu den schlichten Bibelbesprechstunden in einfachen Bauernstuben, wo man zwar nichts weiß von komplizierten Fremdwörtern, wie z. B. „existentiale Interpretation", wo man aber weiß:*

> Bis zum Schwören kann ich's wissen,
> daß mein Schuldbrief ist zerrissen.

Oder wo man in getroster Weise das Lied singt, mit dem ein Evangelist Jakob V e t t e r mit 46 Jahren in die Ewigkeit hineinging:

> Auf dem Lamm ruht meine Seele,
> betet voll Bewunderung an.
> Alle, alle meine Sünden
> hat sein Blut hinweggetan.

Dort möchten wir sie hinlieben.

Sie können fragen: „Hinlieben? Und das bei solch einer scharfen Sprache?" Ja, gerade deswegen; denn warum reden wir so unverblümt? Weil sie uns nicht gleichgültig sind. Und unsere Gemeinden uns nicht gleichgültig sind. Ist es nicht so, daß gerade der mich liebt und mir den größten Dienst erweist, der mir aus

Verantwortung die Wahrheit sagt? Natürlich in Liebe. Aber Liebe ist doch keine Schlappheit. Sie müssen es mir schon abnehmen, daß ich an meinem Teil vor Gott weiß, wie ich gerade durch die ungeschminkte Sprache ihnen in schlichter Ehrlichkeit und nicht in verrenkter Diplomatie begegnen möchte.

Um eins bitten wir sie ganz inständig: Sie sollen nicht meinen, wir sprächen aus der Haltung des überlegenen Pharisäers. Dann hätten sie unsere Absicht total mißverstanden. Wir sprechen aus der Haltung völliger Erlösungsbedürftigkeit. Aber darum aus der frohen Erfahrung, daß Jesus Christus uns das Herz abgewonnen hat und uns hineinführte in die getroste Gewißheit:

> Wir haben einen Felsen,
> der unbeweglich steht.
> Wir haben eine Wahrheit,
> die niemals untergeht.
> Wir haben Wehr und Waffen
> in jedem Kampf und Streit.
> Wir haben eine Wolke
> von Gottes Herrlichkeit.

Um unsere Gemeinden für die Zukunft zu rüsten, können die K i r c h e n l e i t u n g e n unserer Landes- und Freikirchen einen ganz wesentlichen Beitrag liefern.

Viele Menschen draußen im Land sind dankbar für jedes bekenntnistreue und bibelgebundene Wort, das von unseren Kirchenleitungen an die Gemeinden ergeht. Je mehr die neurationalistische Theologie durch die Tore unserer Kirchen schreitet, desto mehr bedarf es eines Wortes der Kirchenleitungen, das die Bibel und die Bekenntnisschriften unserer Väter noch ernst nimmt.

Ob Kirchenleitungen der Landes- oder Freikirchen, ob Professor oder Gemeindeglied, ob Lutheraner oder Reformierter, ob Pietist oder Michaelsbruder, e i n Pulsschlag erfülle uns alle: D i e H e i l i g e S c h r i f t , d a s t e u e r w e r t e W o r t G o t t e s i n d i e M i t t e u n s e r e s A r b e i t e n s u n d D e n k e n s ! Von Martin L u t h e r heißt es:

> Er fühlt der Zeit ungeheuren Bruch,
> und fest umklammert er sein Bibelbuch.

Ja, die ungekürzte Botschaft dieses Buches gab Tausenden von Märtyrern die Standhaftigkeit, den bitteren Tod auf sich zu nehmen. Nicht Bibelkritik, sondern Bibelvertrauen schenkte europäischen und amerikanischen Kriegsgefangenen hinter Stachel-

draht innere Kraft und letzte Geborgenheit. Mönche im frühen Mittelalter wandten ein Leben daran, es in viel Liebe abzuschreiben, lehrten Generationen und prägten von der Bibel her das kulturelle und religiöse Gesicht des Abendlandes. Aus ihrem ungebrochenen Vertrauen zur Heiligen Schrift, nicht aber aus dem Geist der Bibelkritik bauten unsere Väter die hohen, schlanken Dome und schlichten Kapellen. Ungebrochene Stellung zur Schrift und nicht Bibelkritik war die innere Antriebskraft beim Werk der Reformation. Ihnen allen, den treuen Zeugen durch die weiten Jahrhunderte, war die Bibel kein Diskussionsgegenstand, sondern Zeugnis vom vollmächtigen Handeln Gottes in Jesus Christus, in den Aposteln und Propheten. Es war ihnen durchglüht vom Feuer des Heiligen Geistes und atmete Leben. Sie spürten etwas von der auctoritas causativa = von der in sich selbst gründenden Autorität der Bibel. Sie wurde ihnen zum untrüglichen Kompaß durch die Wirren der Zeit und zum hellen Morgenstern im Dunkel des Leids und der Trübsal ihres Lebens. Sie wußten, daß die Bibel sich selbst bestätigt durch Weissagung und Erfüllung, daß sie von dem großen Heilsangebot Gottes für eine fiebrig-kranke Welt und Menschheit zeugt. Nicht mit nagender Bibelkritik im Herzen, sondern mit grenzenlosem und erprobtem Vertrauen zu Gottes Wort fuhren die ersten Missionare unter größten Opfern über die Ozeane zu unbekannten Ufern ferner Erdteile.

Wenn dieser Geist auch heute noch unter uns lebt, dann sind wir für die Zukunft gerüstet. Aber auch nur dann. Was immer auch komme. Dann mag es durch Höhen und Tiefen gehen, durch Anerkennung oder Verfolgung, durch Sonne oder Nebel, durch persönliche Freuden oder Leiden. Er bleibt und ist ja bei uns mit Seinem teuren Wort. Mit Ihm ist uns der Sieg gegeben. Darum wollen wir getrost und zuversichtlichen Herzens mit unseren Vätern singen und bekennen:

Herr, dein Wort, die edle Gabe,
diesen Schatz erhalte mir;
denn ich zieh es aller Habe
und dem größten Reichtum für.
Wenn dein Wort nicht mehr soll gelten,
worauf soll der Glaube ruhn?
Mir ist's nicht um tausend Welten,
aber um dein Wort zu tun.

Weitere Veröffentlichungen von Dr. Gerhard Bergmann:

... wo weder Milch noch Honig fließt
Tagebuch einer Indien- und Ceylonreise
136 Seiten, 8 Bildseiten, kartoniert, DM 5,80

Kein Tag ohne Jesus — Andachten
384 Seiten, gebunden, DM 9,80

Und es gibt doch ein Jenseits
320 Seiten, kartoniert, DM 7,80

Probleme einer fragenden Generation
248 Seiten, kartoniert, DM 6,40

Kirche am Scheideweg
296 Seiten, kartoniert, DM 6,40

Tagebuch eines Evangelisten
344 Seiten, 4 Bildseiten, kartoniert, DM 8,80

Jesus Christus oder Buddha, Mohammed, Hinduismus
56 Seiten, kartoniert, DM 2,00

Die Aufgabe des Volkes Gottes heute
136 Seiten, kartoniert, DM 3,80

Leben wir in der Endzeit?
72 Seiten, kartoniert, DM 3,00

Das Geheimnis einer guten Ehe und Familie
40 Seiten, geheftet, DM 1,50

Leben nach dem Tode?
64 Seiten, geheftet, DM 1,50

Der Glaube und die Beweisfrage
64 Seiten, geheftet, DM 1,50

Was heißt eigentlich: Ich glaube!?
32 Seiten, geheftet, DM 2,00

Wenn Jesus durch unsere Straßen ginge
24 Seiten, geheftet, DM 1,50

Revolution — ja oder nein?
24 Seiten, geheftet, DM 1,00

Was kommt auf uns zu?
168 Seiten, kartoniert, DM 2,80

Mein Weg vom Zweifel zur Gewißheit
22 Seiten, geheftet, DM 0,80

Gesprochen in unsere Zeit
64 Seiten, kartoniert, DM 3,30

Fragen um Gott heute
64 Seiten, kartoniert, DM 1,80